초등학생이 딱 알아야 할 상식 이야기

글 조영경 | 그림 홍나영

파란정원

상식은 사람들이 알고 있는 지식을 말한단다. 그런데 누구나 알고 있는 상식이나 지식에 대해 "왜 그럴까?" 하고 생각해 본 적이 있니?

하루가 24시간인 것은 모두 아는 상식이야. 그런데 왜 그럴까? 안중근 의사가 하얼빈 역에서 이토 히로부미를 저격한 것 역시 모르는 사람이 없을 거야. 그런데 왜 하얼빈 역이었을까?

이렇게 꼬리에 꼬리를 물고 "왜?"라는 물음에 대한 답을 찾다 보면 더욱 폭넓은 지식을 얻을 수 있단다.

"왜?"라는 생각이 때로는 엉뚱한 질문을 생각해낼 수도 있어. 아프리카에도 눈이 쌓인 곳이 있을까? 눈썹은 왜 머리카락처럼 길게 자라지 않을까? 하는 것처럼 말이야.

작/가/의/말

　만약 이런 질문을 하면 그것도 모르냐고 비웃을지 몰라. 하지만 그 이유에 대해 설명할 수 있는 사람은 별로 없을 거야. 그러면 그것은 제대로 알고 있다고 할 수 없어. 더운 아프리카에 만년설이 있는 이유, 눈썹이 눈 앞을 가릴 정도로 자라지 않는 이유는 분명히 있거든. 그 이유를 알게 되면 상식에 과학 상식을 하나 더 얻게 되는 거야.

　아인슈타인은 "나는 천재가 아니다. 다만 호기심이 많을 뿐이다."라고 했어. 어쩌면 아인슈타인을 천재로 만든 것은 호기심이 아닐까 싶어. 호기심이 많은 사람은 끊임없이 새로운 것을 배우려고 해. 그리고 스스로 답을 찾은 것은 쉽게 잊어버리지 않는단다. 또 계속 질문을 하고 답을 찾다 보면 새로운 생각을 찾아내는 창의력도 키울 수 있어.

　이 책에는 우리가 알고 있는 상식 중에서 "왜?"라고 묻고 싶은 질문을 사회, 역사, 국어, 과학, 동식물, 인체, 수학 등의 분야별로 모았어. 상식에 또 다른 질문을 보태어 여러 분야를 다루었으니 많은 지식을 얻을 수 있을 거야.

조영경

차례

01 가을이 되면 왜 단풍이 들까? | 12
02 갈릴레이는 왜 거짓말을 했을까? | 14
03 강강술래는 진짜 군사 작전이었을까? | 16
04 같은 생선을 왜 다르게 부를까? | 18
05 개미집은 비가 오면 잠길까? | 20
06 고구마를 먹으면 왜 방귀가 나올까? | 22
07 고려청자는 왜 다시 못 만들까? | 24
08 공짜라면 양잿물을 마셔도 될까? | 26
09 교회 지붕은 왜 뾰족할까? | 28
10 구름은 어떻게 하늘에 떠 있을까? | 30
11 글은 왜 문단으로 나눠서 쓸까? | 32
12 기온을 재는 백엽상은 왜 흰색일까? | 34
13 기차는 왜 덜컹거릴까? | 36
14 긴장하면 왜 손바닥에서 땀이 날까? | 38
15 김홍도의 〈씨름〉에는
    어떤 수학 원리가 있을까? | 40
16 꼭 필요한 소금은 왜 몸에 안 좋을까? | 42
17 꽃이 피는 데도 수학의 규칙이 있을까? | 44

18 나무는 왜 숲이 되고 재가 될까? | 48
19 널뛰기는 왜 여자들만 할까? | 50
20 눈썹은 왜 계속 자라지 않을까? | 52
21 단어는 누가 만드는 걸까? | 54
22 달은 어디서든 똑같은 모양일까? | 56
23 대나무는 나무일까? 풀일까? | 58
24 대통령 선거일은 어떻게 정할까? | 60
25 동물의 피도 빨간색일까? | 62
26 땀은 왜 흘리는 걸까? | 64
27 '땡전 한 푼 없다.'의
    땡전은 얼마일까? | 66
28 맞춤법을 꼭 지켜야 할까? | 68
29 매미는 계산을 하고 탈바꿈하는 걸까? | 70
30 명절은 음력인데, 동지는 왜 양력일까? | 72
31 몇 페이지 이상일 때 책이라고 할까? | 74
32 모차르트는 왜 가발을 쓰고 있을까? | 76
33 물고기는 왜 물 밖에서 힘들어할까? | 78
34 물과 기름은 왜 섞이지 않을까? | 80

ㅂㅅ

35 바다가 왜 홍해처럼 빨개질까? | 84
36 바닷물을 마시면 왜 안 될까? | 86
37 바람은 어디서 불어오는 걸까? | 88
38 뱀은 자기보다 큰 것을 어떻게 삼킬까? | 90
39 번개는 왜 제멋대로 내리칠까? | 92
40 벌집은 왜 육각형일까? | 94
41 북극곰이 추울까? 펭귄이 추울까? | 96
42 빗방울은 맞아도 왜 안 아플까? | 98
43 산호는 식물일까? 동물일까? | 100
44 삼복더위에 왜 뜨거운 음식을 먹을까? | 102
45 석굴암 본존불상을 왜 막아 놨을까? | 104
46 설피를 신으면 왜 눈에 빠지지 않을까? | 106
47 세뱃돈은 왜 설날에만 줄까? | 108
48 수증기는 투명한데, 김은 왜 흰색일까? | 110
49 씨 없는 과일은 어떻게 번식할까? | 112

차 례

ㅇ

50 아프리카에도 눈이 쌓인 곳이 있을까? | 116
51 아프리카의 국경선은 왜 직선일까? | 118
52 아프면 왜 열이 날까? | 120
53 악어는 먹이한테 미안해서 우는 걸까? | 122
54 여러 명의 귀신을 뭐라고 부를까? | 124
55 예방접종을 했는데, 왜 감기에 걸릴까? | 126
56 옛날 시장은 왜 오일장이었을까? | 128
57 오늘 누는 똥은 언제 먹은 밥일까? | 130
58 왕은 한 명인데, 궁궐은 왜 여러 개였을까? | 132
59 왕의 이름은 어떻게 지을까? | 134
60 원주율은 왜 끝이 없을까? | 136
61 은행은 많은 돈을 어디에 보관할까? | 138
62 이글루는 불을 피워도 왜 안 무너질까? | 140
63 이사부랑 이차돈은 조상이 같을까? | 142
64 이토 히로부미는 왜 하얼빈 역에서 총에 맞았을까? | 144
65 일기를 쓰고 돈을 받을 수 있을까? | 146

ㅈ

66 장마가 끝났는데도 왜 비가 올까? | 150
67 전기뱀장어에 감전되면 죽을까? | 152
68 전봉준은 왜 녹두장군이 되었을까? | 154
69 전쟁에서 무기 없이 싸워도 이길 수 있을까? | 156
70 절은 왜 산에 지었을까? | 158
71 절의 기둥은 왜 불룩할까? | 160
72 정전기 때문에 죽기도 할까? | 162
73 제헌절 이전에는 법이 없었을까? | 164
74 지구는 둥근데 왜 땅은 평편할까? | 166
75 지구는 얼마나 빨리 돌까? | 168
76 지구와 달은 왜 부딪치지 않을까? | 170
77 지폐 때문에 사형된 왕은 누구일까? | 172

ㅋ ㅌ ㅍ ㅎ

78 코딱지나 귀지도 하는 역할이 있을까? | 176
79 콜럼버스는 왜 이름을 빼앗겼을까? | 178
80 터널 속 전등은 왜 주황색일까? | 180
81 팔만대장경은 왜 만들었을까? | 182
82 펭귄도 새일까? | 184
83 평균대를 건널 때 왜 팔을 벌릴까? | 186
84 풀은 왜 나무만큼 자라지 못할까? | 188
85 필리핀 사람들은 왜 영어를 잘할까? | 190
86 하루는 왜 24시간일까? | 192
87 한글은 '韓글'이라는 뜻일까? | 194
88 혀로 못 느끼는 맛도 있을까? | 196
89 혈액형이 다르면 왜 수혈할 수 없을까? | 198
90 홍길동은 왜 아버지라 부르지 못했을까? | 200
91 흥부전은 누가 쓴 이야기일까? | 202
92 '~절', '~일', '~날'은 어떻게 다를까? | 204

001 가을이 되면 왜 단풍이 들까?

식물은 봄에는 새싹이 나고, 여름에 푸르던 잎은 가을이 되면 노랗게 또는 붉게 단풍이 들어요. 그런데 파릇파릇했던 나뭇잎은 왜 가을이 되면 빨갛고 노랗게 변할까요?

식물은 줄기와 가지에 수분이 많은 상태에서 기온이 떨어지면 얼어 죽게 돼요. 그래서 5도 이하로 기온이 내려가면 나무는 나뭇잎에 축적된 양분을 줄기의 저장 기관으로 보내 겨울을 준비해요. 이때, 나뭇잎의 잎자루와 줄기가 맞닿은 곳에 '떨켜'라는 것이 생겨서 나뭇잎과 가지 사이의 수분과 양분의 이동을 막고 미생물의 침입도 막게 되지요.

떨켜로 인해 나뭇잎에서 만들어진 포도당은 저장 기관으로 가지 못하고 잎에 쌓이게 되어, 결국 엽록소를 파괴

해 초록색에 묻혀 보이지 않던 노란색이나 주황색의 색소가 드러나 단풍이 드는 거예요. 그리고 나뭇잎은 자연스럽게 떨어져 낙엽이 되지요.

　물론 계절과 상관없이 늘 푸른 나무도 있어요. 소나무나 상록수 등이 이에 속하는데, 상록수는 겨울이 되면 나뭇잎 세포 속에 있는 액체의 농도가 진해져서 기온이 내려가도 뿌리에서 물을 잘 빨아들이고, 나뭇잎이 잘 얼지 않게 돼요. 물론 상록수도 새로운 잎이 나면 그 전 나뭇잎은 떨어진답니다.

　나뭇잎이 없는 식물인 선인장은 사막처럼 비가 내리지 않는 곳에서 사는 식물이에요. 만약 선인장이 활엽수처럼 넓은 잎을 가지고 있다면 척박한 사막 환경에서 필요한 수분을 충분히 얻을 수 없어 죽고 말 거예요. 그래서 선인장은 최대한 수분 손실을 적게 하기 위해 잎이 가시처럼 진화한 것이랍니다.

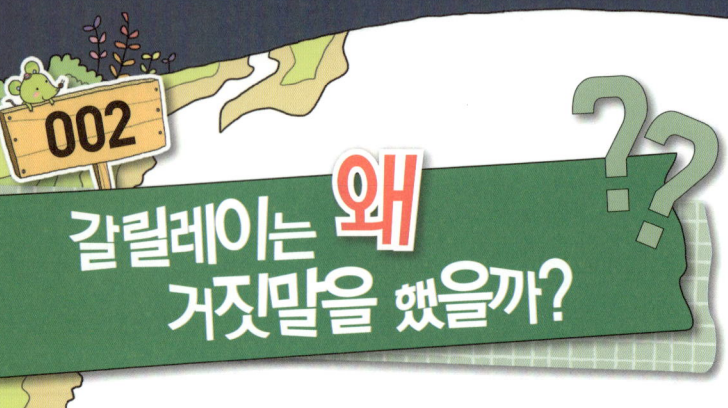

002 갈릴레이는 왜 거짓말을 했을까?

지구가 태양 주위를 돈다는 것은 누구나 다 아는 사실이에요. 하지만 먼 옛날에는 그렇게 생각하는 사람을 오히려 이상한 사람으로 취급했어요.

갈릴레이가 살던 중세 시대에는 모든 권력을 교회가 쥐고 있었어요. 그래서 교회의 이론에 어긋나는 말과 행동을 하면 당장 종교 재판에 회부되었고, 때로는 교회에 의해 진실이 왜곡되기도 했지요. 교회에서는 전지전능한 신이 우주를 만들었다고 믿었어요. 당연히 지구가 우주의 중심이고, 우주가 지구를 중심으로 움직이고 있다고 생각했어요. 지구가 움직인다고 생각하는 것은 하늘의 뜻을 어기는 엄청난 죄이며, 신을 모

독하는 것이었어요.

　그런데 과학이 발전하면서 지구가 둥글다는 것을 알게 되었어요. 코페르니쿠스를 비롯해 지구가 태양의 주위를 돌고 있다는 지동설을 주장하는 사람들이 나타나기 시작했어요. 갈릴레이도 그 가운데 한 명이었어요. 이제 지구는 더 이상 우주의 중심이 아니었지요.

　갈릴레이는 직접 망원경을 만들어 천체를 관측하며 천동설이 틀렸다고 주장했어요. 지구는 태양 주위를 도는 많은 별 중 하나라고 했지요. 그 말을 들은 교회가 가만히 있을 리가 없었어요. 당장 갈릴레이를 잡아 종교 재판이 열렸고, 자칫하면 갈릴레이는 화형을 당할 처지가 되었어요. 결국 갈릴레이는 살기 위해 거짓말을 할 수밖에 없었어요. "지구는 돌지 않는다."고 말이지요.

003 강강술래는 진짜 군사 작전이었을까?

추석이면 보름달 밑에서 여자들이 노래를 부르며 손을 잡고 큰 원을 그리며 빙글빙글 도는 강강술래를 모르는 사람은 없을 거예요. 그런데 원래 강강술래는 놀이가 아니라 군사 작전 중 하나였어요.

임진왜란 때, 이순신 장군은 해남 우수영에서 진을 치고 있었어요. 그런데 적군과 비교하면 아군의 수는 턱없이 적었지요. 이 사실이 알려지면 왜군이 당장이라도 쳐들어올 상황이었어요. 그래서 이순신 장군은 마을 부녀자들에게 남자 차림을 하고 옥매산 허리를 빙빙 돌라고 했어요. 먼바다에서 보면 마치 군사가 행군하는 것처럼 보이게 말이지요. 이것을 본 왜군은 이순신 장군의 군사가 많은 것으로 착각해 겁을 먹고 달아났다고 해요.

강강술래의 '강'은 '주위'라는 뜻의 전라

도 말이고, '술래'는 '경계'라는 뜻으로, 강강술래는 '주위를 경계하라'는 뜻이에요. 이때 불렸던 노랫말과 함께 그 후로도 부녀자들은 서로 손을 잡고 빙빙 돌면서 춤을 추었고, 그것이 오늘날의 강강술래가 되었어요.

 그밖에도 이순신 장군은 임진왜란 때 연을 날려서 섬과 육지를 연락하는 통신수단으로 사용했어요. 또 군사 작전을 지시할 때도 연을 이용했지요. 신라의 김유신 장군도 연을 날려 군사들의 사기를 드높였다는 이야기가 있어요.

 옛날에는 군사 작전에 사용되었던 강강술래와 연날리기가 지금은 민속놀이로 발전한 것이랍니다.

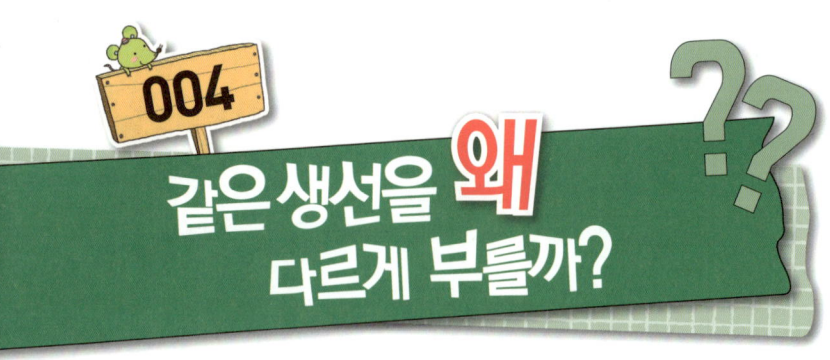

004 같은 생선을 왜 다르게 부를까?

생태탕, 동태탕, 북엇국, 코다리찜.

각각 다른 요리지만 재료는 똑같은 명태예요. 그냥 명태탕, 명탯국, 명태찜이라고 부르면 알아듣기도 쉬울 텐데, 왜 서로 다르게 부르는 걸까요?

우선 얼리지 않은 명태를 '생태'라고 해요. 명태를 얼린 것은 '동태', 바싹 말린 것은 '북어', 내장을 제거한 후에 반만 건조한 것은 '코다리', 겨울바람에 명태를 얼리고 녹이고 말리는 과정을 스무 번 이상 반복한 것은 '황태'라고 하지요. 이렇게 명태를 손질하고 저장하는 방법에 따라 명태는 여러 이름으로 다시 탄생하게 된 거예요.

조기랑 굴비 역시 같은 생선이에요. 굴비는 조기에 소금을 뿌린 것으로, 손질법에 따라 부르는 이름이 다를 뿐이지요.

옛날에는 냉장고도 없고 냉동고도 없었어요. 그래서 음식을 오래 보관할 수 있는 방법을 연구하다 물고기를 말리거나 소

　금을 뿌리면 쉽게 상하지 않는다는 사실을 알아냈어요. 게다가 소금을 뿌린 물고기를 말리면 더욱 오랫동안 상하지 않는다는 것도 알게 되었지요. 또 음식을 발효시키는 방법도 알아내 조개, 새우, 물고기의 살, 알과 내장 등을 소금에 절이고 삭혀 젓갈을 만들어 먹었어요.

　채소를 저장하고 발효하는 대표적인 음식이 김치예요. 요즘에는 시장이나 대형마트에 가면 1년 내내 싱싱한 채소를 구할 수 있지만, 옛날에는 날씨가 추워지면 채소를 구하기가 힘들었어요. 그래서 추위가 오기 전에 배추나 무 등으로 김장을 담가 겨우내 김치를 먹으며 비타민을 보충했답니다.

005
개미집은 비가 오면 잠길까?

비가 오면 땅속에 물이 스며들어 나무도 자라고, 풀도 자라요. 그런데 땅속에 집을 짓고 사는 개미들은 비가 오면 어떻게 될까요? 빗물이 개미집 안으로 들어가면 큰일이잖아요.

다행히 개미들은 아무 곳에나 집을 짓지 않아요. 비를 피할 수 있는 장소를 신중하게 골라 주변보다 높은 곳에 집을 짓거나 사람이 사는 집 마루 밑처럼 비가 들이치지 않는 곳에 집을 지어요. 게다가 입구를 아주 좁게 만들어서 아주 적은 빗물도 들어오지 못하게 하지요. 또한, 개미들은 장마가 오는 것을 미리 알고 집의 구멍을 아예 막거나 이사하기도 한답니다.

비가 오면 걱정되는 또 다른 곤충이 있지요? 맞아요, 거미예요. 비 때문에 애써 만든 거미줄이 엉망이 되면 어쩌나 싶겠지만, 거친 소나기가 온 후에도 거미줄은 빗물이 송골송골 맺혔을 뿐 모양은 그대로예요. 거미줄은 아주 가늘어 보이지만 같은 굵기의 강철보다 강하고, 나일론만큼 질기다고 해요. 심지어 거미줄을 이용해 방탄복을 만드는 연구를 하고 있을 정도랍니다.

 하지만 대부분의 곤충은 비에 굉장히 약해요. 특히 곤충의 알은 비에 쓸려가기도 하고, 유충은 쏟아지는 비 때문에 온도와 수분을 조절할 수 없어서 성장을 멈추기도 해요.

 그래서 곤충들은 되도록 천적을 피할 수 있는 안전한 곳에 알을 낳고, 먹이와 가깝고, 비나 바람에 피해를 당하지 않도록 잎사귀 뒷면이나 바위 밑에 알을 낳아요. 어떤 곤충은 아예 땅속에 알을 묻기도 한답니다.

006 고구마를 먹으면 왜 방귀가 나올까?

　음식물을 먹을 때 우리는 음식물과 함께 공기도 먹게 돼요. 공기 중의 질소와 산소 성분은 장에서 흡수되기도 하지만 방귀로 나오기도 하지요. 또 음식물을 소화하는 과정에서 대장의 세균들이 수소와 이산화탄소를 만들고, 일부 세균은 메탄을 만들어요. 메탄은 불이 잘 붙지만, 방귀에 불을 붙이는 것은 어려워요. 메탄가스의 양이 아주 적기 때문이에요.

　구황작물의 대표인 고구마를 많이 먹으면 방귀를 자주 뀌게 돼요. 고구마 속에 든 아마이드와 섬유소 성분 때문이에요. 아마이드는 몸 안에서 세균을 번식시키는 기능을 해요. 이 과정에서 가스를 만들어 내고, 또 고구마에 포함된 섬유소 역시 분해 과정에서 가스를 많이 내기 때문에 고구마를 먹으면 방귀가 자주 나오는 거예요.

　탄산음료, 껌, 콩, 양배추, 바나나, 우유 같은 음식을 많이

먹어도 방귀가 많이 나와요. 또 몸속에 유당을 분해하는 효소가 없어서 유독 방귀를 많이 뀌는 사람도 있답니다.

　우리는 보통 하루에 500㎖~1.5ℓ 정도의 방귀를 뀐다고 해요. 만약 방귀를 참으면 어떻게 될까요? 참은 방귀는 소장으로 흘러가서 우리 핏속에 흡수되어 피의 흐름에 따라 우리 몸 곳곳으로 퍼져 나가게 돼요. 물론 장소에 따라서 예의를 지켜야겠지만, 방귀를 억지로 참는 것은 우리 몸에 그다지 좋지 않답니다.

　방귀는 자연스러운 생리현상이지만, 냄새 나는 방귀가 계속되거나 설사와 구토가 함께 되면 병원에 꼭 가 봐야 해요.

007 고려청자는 왜 다시 못 만들까?

예로부터 우리나라 도자기는 세계적으로 인정받고 있어요. 특히 고려청자는 신비로운 빛깔 때문에 으뜸으로 치지요. 하지만 더 이상 아름다운 고려청자를 예전의 빛깔 그대로 만들어 내지 못한다고 해요. 그 이유는 크게 두 가지예요.

첫째, 원나라가 우리 도공들을 모두 데려갔기 때문이에요. 청자는 원래 중국 송나라에서 처음 만들어졌어요. 3세기 무렵 '옥'이라는 귀한 돌을 만들다가 푸른색을 내는 청자를 만들었대요. 우리나라는 10세기 후반에 처음으로 청자를 만들었는데, 우리나라 도공의 솜씨가 어찌나 좋은지 사람마다 고려청자가 천하제일이라고 했지요.

그러자 고려청자를 무척이나 좋아하는 원나라에서 우리나라 도공들을 모두 데려갔어요. 하지만 우리나라 도공들은 머나먼 중국 땅으로 끌려가느니 차라리 도자기 만드는 것을 포기하겠다면서 스스로 손을 자르거나 눈을 찌르기도 했어요. 대다수의 도공들이 원나라로 끌려가고, 그나마 남은 도공들도 도자기 만드는 것을 포기했으니 도공의 숫자가 줄어 더 이상 고려청자가 나올 수 없었던 거예요.

 또 다른 이유는 우리나라에서 도공들을 푸대접했기 때문이에요. 고려 시대에는 신분을 세습하는 신분제도가 있었어요. 도공들은 아무리 힘들게 훌륭한 작품을 만들어도 신분제도에 묶여 출세도 못 하고 실력도 인정받지 못하기 때문에 자신들의 기술을 다른 사람에게 가르쳐 주지 않았어요. 도자기 빚는 기술을 가르치는 것은 천대와 푸대접을 물려주는 것과 같다는 생각에 자식에게도 가르쳐 주지 않았지요.

 그러다 보니 도공들의 숫자가 줄어들고, 기술도 전수되지 못하여 아름다운 고려청자를 다시 만들지 못하게 되었답니다.

008 공짜라면 양잿물을 마셔도 될까?

'공짜라면 양잿물도 마신다.'는 속담을 알 거예요. 공짜라면 무엇이든 하려는 것을 비꼴 때 쓰는 속담이지요. 그런데 양잿물이 무엇이기에 공짜라면 양잿물까지 마신다고 하는 걸까요?

양잿물은 '서양에서 들여온 잿물'로, 잿물은 재를 태울 때 나오는 물을 말해요. 재의 주성분은 탄산칼륨으로 비누를 만드는 원료가 되어 빨래하기에 아주 좋은 성분이에요.

실제로 우리나라는 예로부터 아궁이나 화로에서 나온 재로

잿물을 만들어 빨래를 했어요. 조선 시대의 《규합총서》에도 묵은 때는 특히 콩깍지 잿물에 잘 빠진다고 기록되어 있지요. 잿물은 표백제로도 많이 쓰여서 면이나 마를 빨 때도 많이 썼어요. 그뿐만 아니라 농사를 지을 때도 논과 밭에 뿌리면 아주 좋은 비료가 되었지요.

 우리 조상들은 잿물 말고도 자연에서 세제를 찾아 사용했어요. 대표적인 것이 창포인데, 창포잎과 흰 뿌리를 햇빛에 잘 말려서 뜨거운 물에 우려내어 목욕할 때나 빨래할 때 썼다고 해요. 또 명주옷을 빨 때는 녹두와 팥을 갈아 세제로 사용했어요. 녹두와 팥은 누렇게 변한 것을 하얗게 만드는 미백 효과가 뛰어나거든요.

 조선 말 개화기 이후에 양잿물(수산화나트륨)이 들어오면서 잿물 대신 사용되기 시작했어요. 그런데 이 양잿물은 강한 알칼리성으로 부식성이 커서 섬유가 상할 뿐 아니라 엄청나게 독해서 실수로 마셨다가는 목숨이 위험할 정도였어요. 이렇게 위험한 양잿물은 1960년 초 비누가 보편화하면서 점차 사라졌답니다.

009 교회 지붕은 왜 뾰족할까?

대부분의 교회 건물들은 뾰족한 첨탑 꼭대기에 십자가가 걸려 있어요. 이렇게 교회의 지붕이 뾰족한 것은 하늘에 하나님이 있다고 생각했기 때문이래요.

중세 시대 사람들은 하나님이 있는 하늘에 가까이 가고 싶은 마음에 교회 지붕을 뾰족하게 솟은 첨탑 모양으로 만들었어요. 이것은 고딕 양식의 건물로, 게르만족의 하나인 고트족에서 이름을 딴 것이에요.

고딕 양식의 특징은 아름다운 색의 스테인드글라스와 뾰족한 첨탑 지붕으로, 이 양식은 영국, 프랑스, 독일 등으로 퍼지면서 지금까지 교회의 상징적인 모습으로 표현되고 있답니다. 파리의 노트르담 대성당이나 독일 쾰른 사원도 고딕 양식의 건물이지요.

고딕 양식 이후에는 르네상스 양식이 유행했어요. 르네상스 양식의 건축물은 조화와 질서, 균형과 통일을 중요시했으며,

장식이 없는 소박한 형식이 많았어요. 성 베드로 대성당이나 잘츠부르크 대성당이 대표적인 르네상스 양식의 건물이에요.

  뒤를 이어 유행한 바로크 양식은 불규칙한 곡선과 곡면을 사용하고 조각이나 꼬인 모양의 기둥을 만들어 장식한 화려한 건물 양식이에요. 프랑스의 베르사유 궁전이나 오스트리아의 쇤브룬 궁전, 이탈리아의 트레비 분수가 대표적이에요.

  로코코 양식은 건물 외부에는 별다른 특징이 없지만, 대신 우아한 실내 장식에 중점을 두었어요. 바로크 양식이 주로 교회나 궁전같이 대규모 건축물에 적용되었다면, 로코코 양식은 작은 공간을 화려하게 장식했지요. 쇤브룬 궁전 내부나 베르사유 궁전의 내부 장식에서 볼 수 있답니다.

첨탑

스테인드글라스

고딕 양식을 대표하는 노트르담 대성당이에요.

010 구름은 어떻게 하늘에 떠 있을까?

하늘에 떠 있는 구름은 마치 가벼운 솜이 떠 있는 것 같아요. 얼마나 가볍기에 그렇게 큰 구름이 하늘에 둥실둥실 떠 있는 걸까요?

구름은 공기 중의 수증기가 응결되어서 생긴 거예요. 그래서 구름 속에는 얼음과 물방울이 아주 많이 있답니다. 솜처럼 가벼워 보이지만, 사실 구름 속의 얼음과 물방울을 모두 합치면 무게가 어마어마해요. 예를 들어, 길이가 500m, 높이가 500m, 폭이 500m인 구름의 무게를 계산하면 250t 정도라고 해요. 250t이 하늘에 두둥실 떠 있다니, 정말 놀랍지요?

　물방울과 얼음 조각은 아주 작고 가벼워서 중력의 영향으로 땅에 떨어지더라도 아주 천천히 떨어져요. 그리고 땅에서는 더운 기류가 구름 입자들을 계속해서 밀어 올리기 때문에 구름이 떨어지지 않고 하늘에 떠 있을 수 있는 거예요.

　구름 모양은 공기의 상승 속도에 따라 달라져요. 공기의 상승 속도가 강하면 위로 솟은 적운형 구름이 생기고, 공기의 상승 속도가 약하면 옆으로 퍼지는 층운형 구름이 나타나게 되지요.

　구름은 계속 떠 있기만 한 것은 아니에요. 땅에서 올라온 공기가 차가워지면 구름의 물방울과 합쳐져 무거워진 물방울들이 비가 되어 땅 위로 떨어져요. 그러니까 250t의 구름이 하늘에서 갑자기 뚝 떨어지는 일은 없겠지요?

011 글은 왜 문단으로 나눠서 쓸까?

책을 읽다 보면 글이 나누어져 있는 것을 볼 수 있어요. 이것을 '문단'이라고 해요. 문장이 모여서 문단이 되고, 문단이 모여서 완성된 글이 되는 거예요.

왜 문단을 나누어서 글을 쓰는 걸까요? 그 이유는 내용을 좀 더 명확하게 나타낼 수 있기 때문이에요. 만약 문단 없이 처음부터 끝까지 쉬지 않고 이야기를 이끌어 간다면 내용을 파악하기가 어려울 거예요.

그리고 문단은 생각의 단위이기 때문에 드러내고자 하는 주장이나 생각이 바뀌면 문단을 새로 시작해야 해요. 이렇게 문단은 글을 쓸 때 자신이 이야기하고자 하는 내용을 정리하기 쉽게 돕는답니다.

책은 계속 읽기만 하는 것이 아니라 책을 읽는 동안 생각도 하고 상상도 해요. 그렇기 때문에 문단은 책을 읽는 사람들에게 쉬는 시간을 주게 돼요. 만약 문단이 없다면 독자는 계속 내용을 읽기만 할 테니 지루하고 집중도 잘되지 않을 거예요.

그리고 문단이 가진 중심 내용은 전체 주제와 관련이 있기 때문에 문단 내용을 잘 파악하면 주제 파악도 쉬워져요. 다시 말해, 문단의 내용을 잘 요약하면 전체 글의 내용을 쉽게 간추릴 수 있지요.

우선 한 문단에서 '무엇'에 대해 쓰고 있는지를 파악해야 해요. 그리고 반복되거나 중요하지 않은 내용을 지워 대표 문장을 찾아요. 그렇게 하면 긴 문단도 한두 문장으로 요약할 수 있어요. 문단을 요약한 문장을 보면 전체 글에서 무엇을 주장하려 하는지, 또는 무엇을 전달하려고 하는지 이해하기 쉬울 거예요.

012 기온을 재는 백엽상은 왜 흰색일까?

백엽상은 기상을 관측하기 위한 장치가 들어 있는 작은 집이에요. 백엽상 안에는 최고 온도계, 최저 온도계, 자기 온도계, 습도계 등이 들어 있어요.

그런데 백엽상에서 '백'은 무슨 뜻일까요? 혹시 백엽상이 흰색이라서 그런 게 아닐까요? 하지만 백엽상의 '백'은 '일백 백(百)'으로, 약 백 개의 판자 조각을 조립해 사방의 벽을 만든 데서 유래됐어요.

백엽상은 햇빛을 직접 받지 않고 비나 눈으로부터 계기들을 보호하며, 바람이 잘 통하도록 창살이 60° 정도 비스듬히 두 겹으로 붙어 있어요. 또 복사열이 직접 전달

되지 않도록 잔디나 풀밭 위에 세워져 있지요.

 백엽상의 조건이 이렇게 엄격한 이유는 정확한 기온을 재기 위해서예요. 기온은 공기의 온도를 말하는 것으로, 주위의 조건에 따라 달라져요. 땅에서 높이 올라갈수록 기온은 낮아지고, 햇볕이 직접 비추는 곳은 그늘보다 기온이 높아요. 그렇기 때문에 햇볕, 기온을 재는 높이, 바람 등의 조건을 일정하게 해야 하지요.

 백엽상이 모두 흰색인 이유는 흰색이 햇볕을 흡수하지 않기 때문이에요. 흰색을 제외한 색, 특히 검은색은 햇볕을 흡수해서 자칫 백엽상 안의 기온을 높일 수 있어요. 여름에 주로 흰 옷을 입는 것도 마찬가지 원리랍니다. 흰색이 햇볕의 자외선을 반사하기 때문에 다른 색의 옷보다 시원하고, 반대로 검은색은 빛을 흡수하기 때문에 겨울에 주로 검은색 옷을 입는 거예요. 옷뿐만이 아니라 검은색 차와 흰색 차의 내부 온도도 차이가 난다고 해요.

기차는 왜 덜컹거릴까?

기차를 타고 가다 보면 유난히 덜컹거릴 때가 있어요. 매끄러운 철로에 돌이 올려져 있어서 그런가 싶겠지만, 기차가 덜컹거리는 것은 철로 사이의 틈 때문이에요.

철로는 하나가 아닌 여러 개의 레일로 이루어져 있어요. 그리고 약 25m마다 조금씩 벌어져 있지요. 그 이유는 금속이 늘어나기도 하고 줄어들기도 하기 때문이에요.

금속은 열을 받으면 길이가 늘어나고, 반대로 추우면 줄어들어요. 실제로 기온이 30도 이상 올라가면 1,000m 레일은 35cm 정도 늘어난다고 해요. 만약 레일 사이에 틈새가 없다면 어떻게 될까요? 아마 레일이 늘어나 휘어질 것이고, 그 위를 달리던 기차가 철로를 벗어나는 큰 사고로 이어질 거예요.

금속은 원자로 이루어져 있어요. 이 원자들은 일정한 간격과 규칙을 이루면서 배열되어 있지요. 그

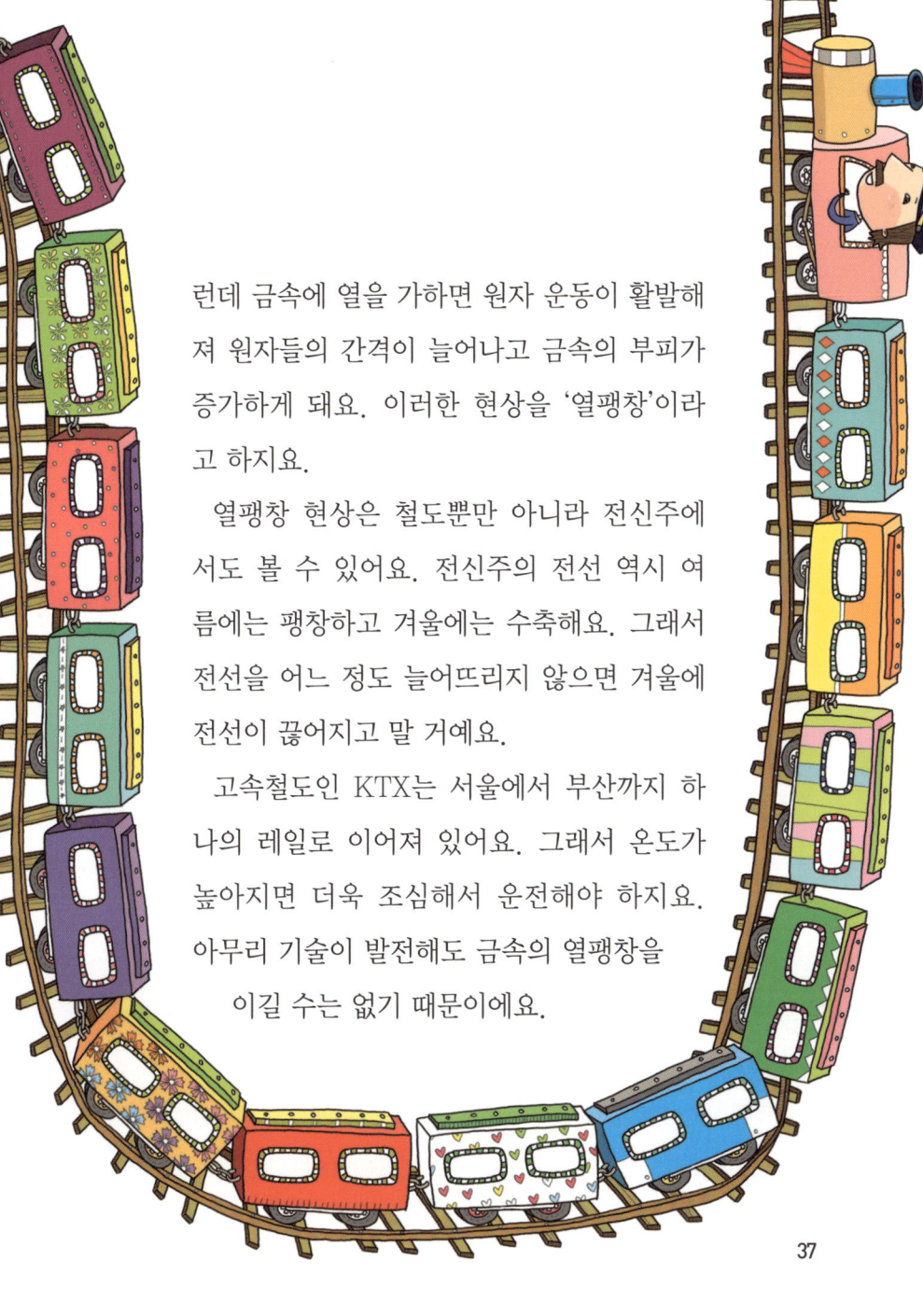

런데 금속에 열을 가하면 원자 운동이 활발해져 원자들의 간격이 늘어나고 금속의 부피가 증가하게 돼요. 이러한 현상을 '열팽창'이라고 하지요.

열팽창 현상은 철도뿐만 아니라 전신주에서도 볼 수 있어요. 전신주의 전선 역시 여름에는 팽창하고 겨울에는 수축해요. 그래서 전선을 어느 정도 늘어뜨리지 않으면 겨울에 전선이 끊어지고 말 거예요.

고속철도인 KTX는 서울에서 부산까지 하나의 레일로 이어져 있어요. 그래서 온도가 높아지면 더욱 조심해서 운전해야 하지요. 아무리 기술이 발전해도 금속의 열팽창을 이길 수는 없기 때문이에요.

014 긴장하면 왜 손바닥에서 땀이 날까?

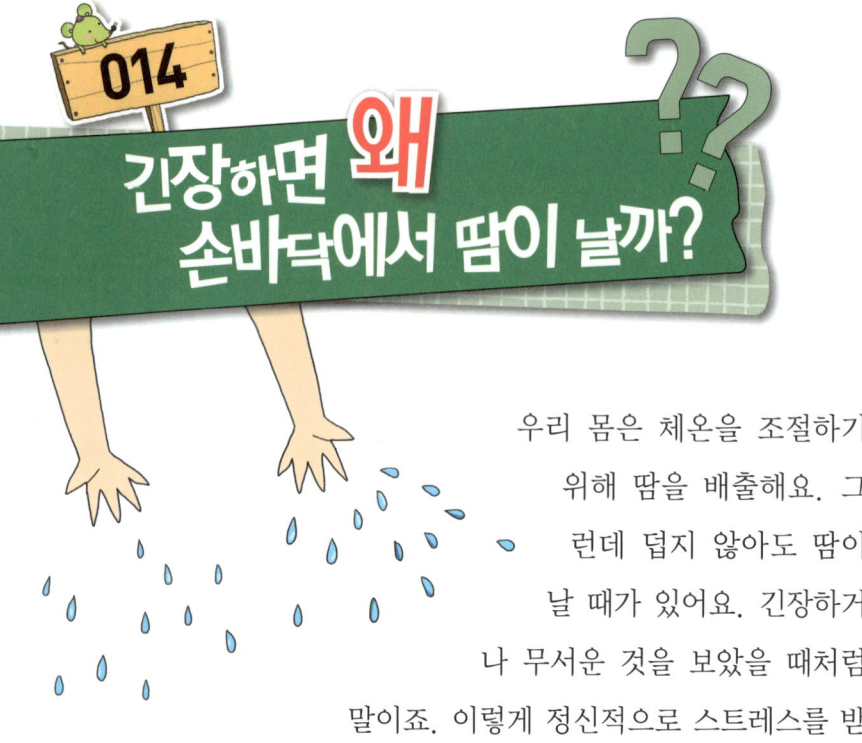

우리 몸은 체온을 조절하기 위해 땀을 배출해요. 그런데 덥지 않아도 땀이 날 때가 있어요. 긴장하거나 무서운 것을 보았을 때처럼 말이죠. 이렇게 정신적으로 스트레스를 받았을 때 나는 땀을 식은땀이라고 해요.

식은땀은 자율신경계에 의한 것이에요. 우리 몸의 신경계는 크게 '중추신경계'와 '말초신경계'로 구분되는데, 말초신경계가 몸 안팎의 정보를 중추신경계로 보내면 중추신경계는 이를 종합, 분석해서 신체가 적절한 반응을 일으킬 수 있도록 해요.

말초신경계는 외부의 자극에 관계하는 신경계와 내부 환경을 조절하는 신경계로 구분돼요. 내부 환경을 조절하는 신경계를 '자율신경계'라고 하는데, 이 신경계에는 교감신경과 부교감신경이 있어요. 교감신경과 부교감신경은 척수에서 시작하여 장기, 혈관, 땀샘에 광범위하게 퍼져 있지요.

교감신경은 신체가 위급한 상황일 때 이에 대처하는 기능을 해요. 심장 박동수를 빠르게 하고, 눈의 동공을 확장하고, 땀의 분비량을 늘리거나 털을 곤두서게 하지요. 시험 시작 전에 손바닥에서 땀이 나는 것도 바로 이 교감신경 때문이에요.

부교감신경은 긴급한 상황이 지나간 후 우리 몸을 정상으로 회복시키는 역할을 해요. 빨라진 심장 박동을 늦추고, 혈압을 낮추고, 동공을 수축시켜요.

이렇게 교감신경과 부교감신경은 어느 한쪽이 기관의 기능을 활성화하면 다른 한쪽이 억제하며 몸 상태가 한쪽으로 치우치지 않도록 균형을 유지해 준답니다.

아…,
음…,
저기….

015
김홍도의 씨름에는 어떤 수학 원리가 있을까?

김홍도는 조선 시대의 화가예요. 산수화와 풍속화 등 훌륭한 작품을 많이 남겼어요. 특히 풍속화는 배경과 함께 등장인물의 감정을 표정으로 잘 표현했다는 점에서 유명하지요.

김홍도의 유명한 작품들 가운데 〈씨름〉이라는 작품이 있어요. 씨름하는 장면을 묘사한 그림으로, 중앙에는 두 명의 씨름꾼이 있고, 구경꾼들이 그 주위를 둥그렇게 둘러싸고 있지요.

그런데 이 작품에는 수학의 원리가 숨어 있어요. 그림을 자세히 살펴보면 사람들의 수를 대각선으로 더하면 같은 수가 되는데, 이것을 '마방진'이라고 해요.

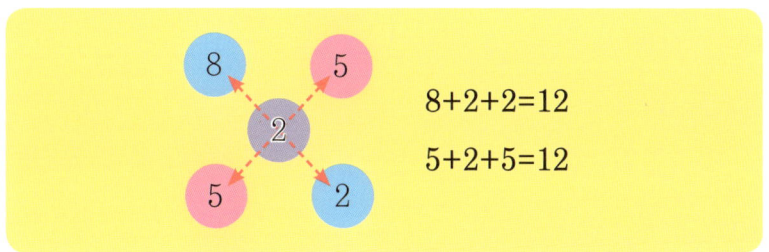

기원전 중국 우왕 때 황하강에 거북이 한 마리가 떠올랐대요. 거북이의 등에는 숫자가 적힌 낙서가 있었는데, 자세히 보니 숫자의 가로·세로·대각선의 합이 모두 같았어요. 마술적인 숫자의 배열로, 그것이 마방진의 시초라고 해요.

016 꼭 필요한 소금이 왜 몸에 안 좋을까?

소금은 우리 몸에 없어서는 안 되는 물질이에요. 신진대사를 돕고, 소화를 도와주며, 수분을 조절하고, 해독 작용과 살균 작용을 하지요. 또 피와 섞여 몸 구석구석을 돌면서 세포 속의 노폐물을 새 물질로 바꾸어 주어 물질대사를 촉진하기도 해요. 신경이나 근육의 움직임을 조절하는 데도 소금이 필요해요.

이렇게 소금은 우리 몸에 중요한 존재인데, 왜 짜게 먹으면 몸에 안 좋다는 걸까요?

소금은 나트륨과 염소로 구성되며, 그 가운데 나트륨이 약 40%를 차지해요. 나트륨은 하루에 2,000mg 이하로 우리 몸에 아주 적은 양만 있으면 돼요. 하지만 우리나라 국민의 평균 나트륨 섭취량은 권장량의 3배에 가까워요. 간장, 된장, 고추장을 비롯해 김치나 국, 찌개, 절임 식품 등을 즐겨 먹는 식습관 때문이지요.

우리 몸은 소금 성분이 많아지면 수분이 혈관으로 몰려요. 그러면 다른 신체 기관에서 물이 모자라 물을 달라는 신호를 보내고, 우리는 부족한 수분을 채우기 위해 물을 많이 마시게 되지요. 그런데 혈관의 굵기는 일정해서 많은 물을 한꺼번에 많이 마시면 혈관 안이 물로 가득 차 압력이 높아지게 돼요. 다시 말해, 혈압이 높아져서 고혈압이 생기게 되는 거예요. 고혈압은 뇌졸중이나 심장질환, 비만이나 당뇨의 원인이 되는 무서운 질병이에요.

그리고 신장은 혈액이 가져온 찌꺼기들을 걸러 오줌으로 만드는데, 혈액에 나트륨이 많아지면 신장이 할 일이 그만큼 더 늘어나게 될 거예요. 그러다 결국 신장은 과부하가 걸리게 되고 기능을 상실하게 될 수도 있답니다.

나트륨이 들어왔다. 더 빨리 움직여!

나도 최선을 다하고 있어!

017 꽃이 피는 데도 수학의 규칙이 있을까?

수학은 단순한 연산이나 공식이 다가 아니에요. 생각보다 우리 주변에서 쉽게 찾을 수 있지요. 또 자연에서도 수학의 규칙을 발견할 수 있어요. 나무에 가지가 자라고, 잎이 달리고, 꽃이 피는 데도 수학의 규칙이 존재하지요.

나팔꽃이 자라는 것을 보면 직선과는 상관이 없는 듯 보여요. 나선형으로 막대를 감아올리면서 자라잖아요. 곧게 자라지 않는 것처럼 보이지만 사실 나팔꽃은 직선으로 쭉쭉 자라고 있어요. 나팔꽃이 감겨 있는 나무 막대를 반으로 잘라 펼치면 나팔꽃의 나선형이 직선으로 되어 있답니다.

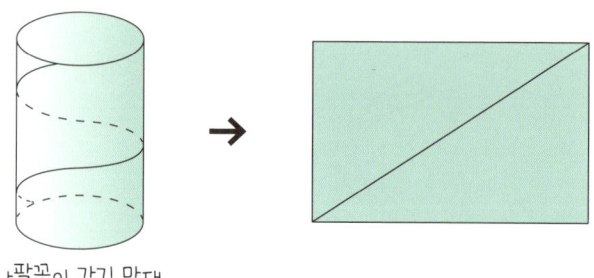

나팔꽃이 감긴 막대

　나뭇가지가 나오는 데도 규칙이 있어요. 처음에는 한 개의 줄기에서 하나의 가지가 나오고, 그 가지가 어느 정도 자랄 때까지 다른 가지는 기다리지요. 그 이유는 햇빛을 골고루 받기 위해서예요. 만약 가지가 마구 뻗어 나오면 가장 아랫부분의 가지는 햇빛을 받기 어려울 거예요.

　나뭇가지가 나는 모양을 보면 처음에는 1개, 그다음에는 2개, 그다음에는 3개, 그다음에는 5개, 8개, 13개 이런 식으로 이어져요. 이런 수들의 규칙을 수학자 피보나치가 발견했다고 해서 '피보나치 수열'이라고 하지요. 피보나치 수열은 앞의 두 숫자의 합이 바로 뒤의 수가 되는 수의 배열을 말해요.

감아 떨어져라.
언제까지나 기다려 주마.

018 나무는 왜 숯이 되고 재가 될까?

숯은 나무를 태운 것으로, 같은 나무를 태우는데 왜 어떤 때는 재가 되고 어떤 때는 숯이 되는 걸까요?

나무를 태운다고 모두 숯이 되는 것은 아니에요. 공기가 통하지 않는 곳에서 높은 온도로 구워야 숯이 될 수 있어요. 숯을 만드는 과정은 생각보다 어렵고 손이 많이 가요. 우선 숯가마에 나무를 채울 때는 공기가 들어가지 않도록 나무와 나무 사이는 물론이고 나무와 가마 천장 사이에도 빼곡하게 채워 넣어요. 그런 다음 입구도 공기가 통하지 않도록 진흙으로 단단히 막고, 약 400~600도의 온도에서 사나흘 동안 구워내면 숯이 되는 거예요.

숯은 모두 까맣다고만 생각하는데, 하얀 숯도 있어요. 1,000도가 넘는 온도로 일주일 동안 구워내면 하얀 숯, 즉 '백탄'이 완성돼요. 백탄은 화력이 세고 불길을 오래 유지할 수 있을 뿐만 아니라 강한 알칼리성을 가지고 있어서 산성화된

땅에 뿌리면 농사 짓기에 좋은 땅으로 바뀌기도 하지요.

숯은 85%가 탄소로 이루어져 있어서 썩지 않고, 나무가 타면서 탄소로 바뀌는 과정에서 생기는 작은 구멍은 곰팡이와 세균을 없애고, 나쁜 냄새를 빨아들이는 역할을 해요. 그래서 장을 담글 때 숯을 넣어 곰팡이와 세균을 빨아들이도록 했어요. 또 우물을 사용하기 전에 우물 바닥에 숯을 넣고, 그 위에 자갈을 얹은 후 우물물을 사용하기도 했지요.

또한, 숯은 습기를 조절하는 능력이 있어서 팔만대장경을 보관하는 해인사의 장경판전 밑에는 숯이 아주 많이 묻혀 있었다고 해요. 700년이 지난 지금까지 팔만대장경이 틀어지거나 썩지 않은 이유도 숯이 습기를 조절하기 때문이래요.

019 널뛰기는 왜 여자들만 할까?

　옛날에는 설날이면 연날리기, 팽이치기 등 여러 가지 놀이를 했어요. 그중에서도 널뛰기는 여자들에게 가장 인기 있는 놀이였지요. 널뛰기는 두툼하고 긴 널빤지의 한가운데 짚단이나 가마니로 밑을 괴어 중심을 잡은 다음, 양 끝에 한 사람씩 마주 보고 올라서서 발을 구르면서 번갈아 뛰는 놀이예요.

　유교 사상이 강했던 조선 시대에는 여자들이 집 밖으로 외출하는 것이 자유롭지 않았어요. '남녀칠세부동석'이라 해서 일곱 살만 되면 남녀가 한자리에 같이 앉지 못했고, 여자들은 남자들이 있는 곳에는 가지도 못했지요. 높은 담장이 둘러싸인 집 안에만 있어야 했던 여자들은 널뛰기를 하면서 공중으로 뛰어올라 담장 밖의 세상을 구경했다고 해요.

　널뛰기는 신나는 놀이이자 과학적인 놀이예요. 양쪽의 균형을 맞추기 위해 널밥을 잘 조절해야 해요. 널밥은 널빤지의 한

가운데를 괴어놓은 받침대에서 사람이 서 있는 곳까지의 길이예요. 시소를 탈 때처럼 몸무게가 적은 사람이 뒤쪽으로 가면서 더 많은 널밥을 갖고, 몸무게가 많이 나가는 사람이 중심 쪽으로 이동하면서 널밥을 적게 잡아야 무게의 균형이 맞는답니다.

  그런 다음 한 사람이 먼저 발을 구르면 그 힘의 반작용으로 반대쪽의 사람을 위로 밀어줌으로써 위로 뛰어오르는 사람의 위치 에너지가 증가해요. 많은 위치 에너지를 가진 사람이 다시 아래로 내려오면서 위치 에너지는 감소하고 운동 에너지가 증가하게 돼요. 이 에너지가 널을 통해 반대편에 있는 사람에게 전달되어 더 높이 뛰어오를 수 있게 되는 거예요.

020 눈썹은 왜 계속 자라지 않을까?

우리 몸에는 많은 털이 있어요. 머리카락이나 눈썹뿐만 아니라 온몸에 작고 가는 털들이 매일 자라고 있지요. 사춘기가 되어 2차 성징이 나타나면 성기나 겨드랑이에도 털이 나요.

그런데 같은 털인데도 머리카락은 길게 자라는데, 눈썹이나 몸의 다른 털은 그만큼 자라지 않아요. 왜냐하면 어느 정도 자라면 다 빠져 버리기 때문이에요. 머리카락도 마찬가지로 한없이 자랄 것 같지만 그렇지 않답니다.

세계에서 머리카락이 가장 긴 사람을 보고 "뭐가 대단하지? 머리카락을 안 자르면 되는 거 아닌가?" 하고 생각했을 거예요. 그런데 보통 머리카락은 90cm 정도 자라면 빠져 버린다고 해요. 그러니 머리카락이 빠지지 않고 2m 넘게 자라는 것은 정말 대단한 일이겠지요.

머리카락과 눈썹은 자라는 속도가 달라요. 머리카락은 하루에 0.4mm 자라고, 속눈썹은 하루에 0.18mm씩 자라요. 눈썹의 수명이 3~4개월 정도이고, 머리카락은 보통 7년 정도 된답니다.

눈썹은 이마에서 흐르는 땀이 눈에 들어가는 것을 막아 주고, 속눈썹 역시 땀을 막아 주는 것은 물론 먼지 같은 이물질이 눈에 들어가지 않게 하며, 강한 햇빛으로부터 눈을 보호해요.

머리카락은 단백질로 되어 있어요. 보기에는 무척 가늘어 보이지만 외부의 충격이나 자극으로부터 머리를 보호하는 역할을 해요. 콧속에 있는 코털은 우리가 숨을 쉴 때 코로 들어오는 공기 가운데 더러운 먼지와 세균을 걸러 주는 역할을 해요. 삐죽 나온 코털은 지저분해 보이지만 없어서는 안 되는 털이랍니다.

021 단어는 누가 만드는 걸까?

우리가 사용하는 말에도 생명이 있어요. 새로 태어난 말을 '신조어'라고 하고, 죽은 말을 '사어'라고 해요. 용을 뜻하는 '미르'나 바위를 뜻하는 '바회'라는 말은 옛날 사람들이 사용했던 단어로 지금은 사라진 단어이고, 이와 반대로 신조어는 새로 생겨난 물건을 일컫는 이름처럼 옛날에는 없던 컴퓨터, 핸드폰, 우주선과 같은 말이에요.

또한, 신조어는 그 시대의 사회 현상에 따라 새로운 말이 생기기도 해요. 이십대 태반이 백수라는 뜻의 '이태백', 독립할 나이가 되었는데도 취직하지 않거나 부모님에게 의지해 독립적으로 생활하지 않는 사람들을 말하는 '캥거루족' 등처럼 말이에요.

요즘은 특히 말을 줄여 쓰는 경우가 많아요. 버스카드 충전을 '버카충', 지켜주지 못해 미안해라는 뜻의 '지못미', 넘을 수 없는 사차원의 벽을 '넘사벽', 볼수록 매력 있다는 '볼매' 등도 모두 신조어예요. 그 외에도 음식을 맛있게 먹는 모습을 보여 주는 방송을 '먹방', 진짜를 뜻하는 '레알', 마음이 흡족함을 뜻하는 '므흣' 역시 새로 생긴 단어랍니다.

새로운 단어는 나라에서 만드는 것도 아니고 국어연구원에서 만드는 것도 아니에요. 언어를 사용하고 문자를 사용하는 우리가 만드는 것이지요. 그런데 인터넷이 발달하면서 은어나 속어가 많이 생겨나고 있어요. 재미로 사용하기도 하지만 지나치면 소통에 문제가 생길 수 있고, 본래의 뜻이 사라지기도 해요. 단어를 새로 만드는 것도 우리인 만큼 단어의 뜻을 제대로 알고 바르게 사용해야 한답니다.

022 달은 어디서든 똑같은 모양일까?

북반구와 남반구가 서로 반대인 것은 알지요? 그러면 하늘에 뜨는 달의 모양도 다를까요?

북반구에서 보이는 달과 남반구에서 보이는 달의 모양은 비슷해요. 다만 검게 보이는 크레이터(달 표면에 보이는 원형의 구덩이)가 북반구에서는 아래쪽에 위치하지만 남반구에서는 위쪽에 위치하게 되지요.

또, 달의 볼록한 모습도 반대로, 같은 상현달이라도 북반구에서는 오른쪽 반이 보이고, 남반구에서는 왼쪽 반이 보여요. 하지만 보름달은 남

대한민국
(북반구)

적도

남반구

반구와 북반구 모두에서 똑같이 보인답니다.

　북반구와 남반구는 서로 반대인 것들이 많아요. 우선 계절이 반대예요. 지구의 자전축이 23.5도 기울어져 있기 때문에 태양 빛을 더 많이 받은 곳과 그렇지 않은 곳의 구분이 생기면서 북반구와 남반구의 계절이 반대가 되는 거예요. 별자리도 달라서 북반구에서는 북극성을 중심으로 별들이 회전하지만, 남반구에서는 남십자자리를 중심으로 회전해요.

　시곗바늘이 오른쪽으로 도는 것도 해시계를 처음 만든 사람이 이집트인이기 때문이에요. 북반구에서는 해시계의 막대기 그림자가 왼쪽에서 오른쪽으로 움직여요. 그래서 해시계의 모양을 본 떠 시곗바늘이 오른쪽으로 돌게 되었지요. 만약 남반구에서 해시계를 만들었다면 지금의 시곗바늘은 오른쪽에서 왼쪽으로 움직였을 거예요.

023 대나무는 나무일까? 풀일까?

'우후죽순(雨後竹筍)'은 비가 온 뒤에 여기저기서 돋아 올라오는 죽순이라는 뜻으로, 어떤 일이 한 시기에 많이 일어날 때 사용하는 한자성어예요. 죽순은 대나무의 싹인데, 도대체 얼마나 빨리 자라기에 우후죽순이라는 말이 생긴 걸까요?

놀랍게도 죽순은 하루에 30cm 정도까지 자란다고 해요. 하루가 24시간이니까 1시간에 1cm 이상 자라는 셈이에요. 대나무는 땅 위로도 자라지만, 땅속으로도 줄기를 뻗쳐 자라요. 죽순은 땅속에서 뻗어 나간 줄기에서 솟아난 것이랍니다.

그럼 대나무는 나무일까요? 풀일까요? 이름은 나무이지만 대나무는 나무가 아니에요. 나무에는 나이테가 있지만, 대나무는 속은 텅 비어 있고 나이테가 없지요. 대나무는 마디마다 생장점이 있어 빠르게 자라다 보니 줄기를 이루는 조직이 그 속도를 맞추지 못해 대나무 속이 텅 빈 것이라고 해요.

 대나무는 사시사철 변함없이 늘 푸르고 휘거나 굽지 않아서 예로부터 절개나 충성심의 상징이었어요. 그뿐만 아니라 대나무에 관한 옛이야기도 많아요. 신라의 신문왕 때 동해에 작은 산이 하나 떠내려왔어요. 그 산에는 신기한 대나무가 있었는데, 낮에는 두 개, 밤에는 하나가 되었어요. 왕은 그 신기한 대나무를 베어 피리를 만들었는데, 그 피리를 불면 적이 물러가고, 병도 나았으며, 가뭄에는 비가 오고, 장마에는 비가 물러갔어요. 왕은 이 피리를 국보로 삼아 '만파식적'이라고 불렀답니다.

024 대통령 선거일은 어떻게 정할까?

우리나라는 5년마다 대통령 선거를 치러요. 그런데 날씨 좋은 봄이나 가을에 하면 좋을 텐데 왜 추운 겨울에 대통령 선거를 했을까요?

대통령 선거일은 마음대로 정할 수 없어요. 우리나라 헌법에는 대통령 선거는 전 대통령의 임기가 끝나기 70일 전 이후의 첫 번째 수요일에 실시하도록 정해져 있지요. 이날은 국민들이 선거에 참여해 선거권을 보장받을 수 있도록 하기 위해 임시 공휴일로 정하고 있어요.

대한민국 헌법에 따르면 대한민국 국민은 보통·평등·직접·비밀선거에 의하여 투표를 통해 대통령을 선출하며, 선거일 현재를 기준으로 만 19세 이상이면 누구에게나 투표권이 주어져요.

대통령 후보가 되기 위해서는 조건이 갖춰져야 해요. 만 40세 이상이어야 하며, 5년 이상 우리나라에 거주하고 있어야 하지요. 국회의원이나 지방자치단체의원, 지방자치단체장은 만 25세 이상이면 출마할 수 있답니다.

또, 헌법 개정 같은 나라의 중요한 문제가 있을 때도 국민들의 의견을 묻는 국민투표를 한답니다.

025
동물의 피도 빨간색일까?

사람의 몸에는 피가 흐르고 있어요. 동물은 물론 곤충의 몸에도 피가 흐르고 있지요. 사람이든 동물이든 피가 빨간색인 이유는 적혈구 때문이에요. 적혈구에는 헤모글로빈이라는 철 성분이 있는데, 이 성분이 산소와 만나면 빨갛게 변해요. 그러니까 피는 원래 빨간색이 아니라 산소와 만나서 빨갛게 보이는 것이랍니다.

온몸에 산소를 공급해 주는 헤모글로빈은 이산화탄소와 결합하면 색깔이 검붉어져요. 그래서 정맥을 도는 피가 동맥을 도는 피보다 검붉게 보이게 되지요. 동맥은 심장에서 나가는 혈관이고, 정맥은 심장으로 들어오는 혈관이에요. 손등에 파랗게 보이는 혈관이 정맥이고, 동맥은 피부 깊숙이 흐르기 때문에 눈으로 볼 수 없지만, 정맥은 피부 근처에서 흐르기 때문에 눈으로 볼 수 있어요.

혈액이 하는 일은 아주 많아요. 산소뿐만 아니라 단백질이나 비타민 같은 물질을 온몸에 전달하고, 몸속에 생긴 이산화탄소를 허파를 통해 밖으로 내보내요. 또 노폐물을 간이나 콩팥으로 보내 분해하거나 오줌 등을 통해 몸 밖으로 내보내는 것도 혈액이 하는 일이지요. 우리 몸의 기관들이 일을 하면서 발생한 열을 분산시키는 것 역시 혈액이 해요. 세균이나 바이러스가 침입하면 백혈구가 세균을 삼켜서 분해하고 항체를 생산해 같은 병에 걸리지 않도록 하기도 하지요.

모든 생물의 혈액에 철 성분만 있는 것은 아니에요. 오징어나 문어, 새우 같은 동물은 구리 성분이 산소를 운반하기 때문에 피가 청록색으로 보인답니다.

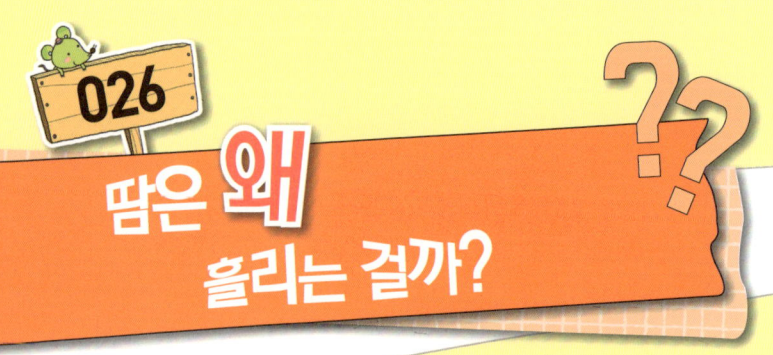

026 땀은 왜 흘리는 걸까?

우리 몸의 체온은 항상 일정해요. 주위 기온에 따라 체온이 달라지는 파충류와 달리 우리 몸은 춥거나 더우면 몸을 적절하게 변화시켜 체온을 유지하지요.

특히, 더울 때는 땀을 내서 피부의 온도를 낮추는데, 땀샘에서 분비되는 땀은 물이 99% 이상이고, 소금, 요소, 젖산 등으로 이루어져 있어요. 성분은 오줌과 비슷하지만 농도는 훨씬 낮지요.

주위 기온에 따라 체온을 조절하는 곳은 뇌에 있는 '시상하부'예요. 혈액의 온도를 측정해 기준보다 온도가 높으면 체온을 내리는 작업을 해요. 모세혈관을 확장해서 열을 밖으로 내보내고 땀을 흘리게 하지요. 땀을 흘리는 만큼 염분이 빠져나가는 것이므로 땀을 많이 흘렸을 경우에는 그만큼의 염분을 섭취해야 한답니다.

 땀은 체온을 유지하기 위해서도 흘리지만 긴장하거나 놀랐을 때도 나요. 또한, 매운 것을 먹었을 때도 땀이 나지요. 매운 음식을 먹으면 강한 자극으로 인해 열이 발생해 그 열을 식히기 위해 땀을 배출하는 거예요. 하지만 긴장했을 때나 놀랐을 때 나는 식은땀은 조금 달라요. 식은땀이 나는 것은 움직임이나 자극이 아닌 정신적인 스트레스 때문이에요. 스트레스로 자율신경이 긴장을 하면 땀이 나게 되지요.

 동물 중에도 땀이 나는 동물이 있고, 땀이 나지 않는 동물도 있어요. 땀샘이 없어 땀이 나지 않는 동물은 나름의 방법으로 온도를 조절해요. 개는 혀를 내밀고 헉헉거리면서 온도를 조절하고, 코끼리는 귀와 코를 이용해서 몸의 체온을 낮춘답니다. 하지만 땀을 흘리지 않는 동물은 대부분 자신의 체온을 주위 기온에 따라 조절하기 때문에 땀을 흘릴 필요가 없는 거예요.

027 '땡전 한 푼 없다'의 땡전은 얼마일까?

돈이 하나도 없을 때 '땡전 한 푼 없다.'고 해요. '푼'은 엽전을 세던 단위를 말해요. 그런데 왜 '돈이 한 푼도 없다.'가 아니라 '땡전'이라는 말을 썼을까요? 그리고 땡전은 도대체 뭘까요?

땡전은 돈의 이름이에요. 원래 이름은 당백전으로, 1866년 흥선 대원군은 화재로 탄 경복궁을 다시 지었어요. 이때 경비가 부족하자 당백전이라는 돈을 만들었지요. 그런데 너무 많이 만드는 바람에 돈의 가치가 땅으로 떨어졌답니다. 그러자 사람들은 당백전을 하찮게 여기고는 당전, 땅전, 땡전으로 불렀어요. '땡전 한 푼 없다.'는 말은 그렇게 가치 없는 땡전조차도 가지고 있지 않다는 말로, 정말 돈이 없다는 뜻이에요.

우리나라 최초의 화폐는 고조선 때 만든 자모전이에요. 하지만 기록만 있을 뿐 실제 자모전은 발견되지 않았어요. 현재까지 전해지는 가장 오래된 화폐는 고려 성종 때 만든 건원중보예요. 고려 시대는 중국과 무역이 활발했어요. 그러다 보니 금속 화폐가 발전했고, 고려 제15대 왕인 숙종은 주전도감을 설치하고 주화인 은병과 해동통보를 만들었어요. 고려 말에는 지폐인 저화도 만들어졌지요.

조선 시대에는 동전인 조선통보를 만들었고, 상공업이 발달한 조선 후기 숙종 때는 상평통보가 활발하게 사용되었답니다.

세조 때 특이한 돈을 만든 적이 있어요. 화살 모양의 돈으로, 평소에는 돈으로 쓰고 전쟁 때는 무기로 쓰겠다는 생각이었지만, 실제로는 거의 사용되지 못했다고 해요.

028 맞춤법을 꼭 지켜야 할까?

받아쓰기를 하면서 스트레스를 받은 친구들이 많았을 거예요. 다 알아듣는데 사소한 받침이나 모음 정도는 틀려도 되지 않을까 하고 생각해 본 적도 있을 거예요.

그런데 맞춤법도 법이에요. 법은 규칙을 정해 분쟁을 막기 위한 것으로, 예를 들어 '값'을 '갑'이라고 쓴다면, '과자 값'은 '과자 갑'이 되겠지요? 그렇게 되면 과자의 가격을 말하는 것인지, 과자를 담은 상자를 말하는 것인지 헷갈리게 될 거예요.

특히 자주 틀리는 '빛, 빗, 빚'의 경우를 보면, '빛'은 햇빛처럼 물체를 볼 수 있게 하는 것이고, '빗'은 머리를 빗는 도구이고, '빚'은 갚아야 할 돈이에요.

> 눈부신 빛 - 눈부신 빗
> 빚을 갚아야 한다 - 빗을 갚아야 한다

어때요? 뜻이 완전히 달라졌지요?

그리고 '낳다, 나다, 낫다'는 실제로도 많이 헷갈려요. '낳다'는 몸 안의 새끼나 아기를 내놓는다는 뜻이고, '나다'는 무언가 생겼다는 뜻이에요. 또 '낫다'는 병이나 상처가 회복되다 또는 보다 더 좋거나 앞서 있다는 뜻이지요. 만약 병문안을 와서 "병이 얼른 낳기를 바랍니다."라고 하면 어떨까요? 또 '얼굴에 상처가 났다.'를 '얼굴에 상처가 낫다.'라고 쓴다면요?

이처럼 정확한 맞춤법을 사용해야 정확한 의사 전달이 가능해진답니다.

매미는 계산을 하고 탈바꿈하는 걸까?

 곤충은 자라면서 모습을 바꾸는데, 그것을 '탈바꿈'이라고 해요. 보통 알에서 애벌레가 되었다가 번데기 과정을 거쳐 성충인 어른벌레가 되는데, 곤충마다 그 시간이 조금씩 다르지요.

 여름에 시끄럽게 울어대는 매미는 땅속에서 6년을 보낸 후 7년째 되는 해에 나무에 올라와 성충이 돼요. 그리고 마지막 탈피를 한 후 한 달 정도 살다가 알을 낳고 죽는답니다.

 그런데 매미가 탈바꿈하는 데 수학적인 계산이 있다는 사실을 알고 있나요? 보통 매미는 탈바꿈하는 데 5년 또는 7년이 걸리지만, '매미 탑'이라는 매미는 13년 또는 17년이 걸린다고 해요. 그런데 가만히 보면 매미가 성충이 되는 시기는 5년, 7년, 13년, 17년으로 모두 소수예요. 매미가 소수의 주기로 탈바꿈하는 것은 우연이 아니라 살아남기 위한 방법이에요.

 탈바꿈의 주기가 소수이면 천적을 피하기 쉬워요. 당연히 천적도 주기가 있을 거예요. 만약 매미가 6년마다 성충이 된다

면, 주기가 2년 또는 3년인 천적과 6년마다 만나게 될 거예요. 탈바꿈의 주기가 4년인 천적과는 12년마다 만나게 되겠지요.

하지만 매미의 탈바꿈 주기가 7년이면, 주기가 2년인 천적하고는 14년마다, 주기가 3년인 천적하고는 21년마다, 4년인 천적하고는 28년마다 만나게 돼요. 이렇게 천적과 만나는 주기가 길어지면 종족 번식을 위한 시간이 많아질 수 있어요.

게다가 매미는 서로 경쟁하지 않기 위해 소수 주기를 갖기도 해요. 소수는 공약수가 1과 자기 자신뿐이기 때문에 다른 수와의 공배수가 커요. 이를 계산해 보면 5년 주기인 매미와 7년 주기인 매미는 35년마다 만날 거예요. 13년 주기와 17년 주기의 매미는 221년마다 만나게 되니 종족 번식이나 먹이 경쟁에서 기회가 많아지게 되는 것이지요.

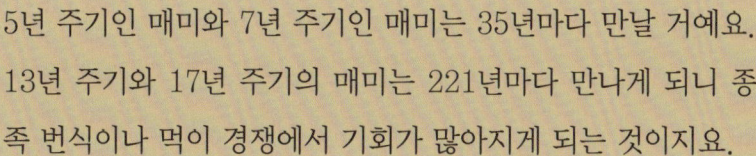

030 명절은 음력인데, 동지는 왜 양력일까?

　음력은 달을 기준으로 하고 양력은 해를 기준으로 하는 달력을 말해요. 달은 변화를 관찰하기가 쉬워서 양력보다 음력이 먼저 발달했어요. 그래서 우리나라뿐만 아니라 많은 고대국가에서도 음력을 사용했지요. 우리나라의 대표적인 명절을 살펴보면 설날도 음력으로 1월 1일, 정월 대보름도 음력으로 1월 15일, 추석도 음력으로 8월 15일이에요.

　달이 차고 기우는 데까지는 29.53059일이 걸려서 한 달을 29일과 30일을 번갈아 사용했어요. 하지만 음력과 양력을 비교하면 11일 정도 오차가 생겨서 음력에 윤달을 넣어 서로 날짜를 맞추었어요.

　또한 음력은 계절의 변화를 맞추기가 아주 힘들어요. 농사 짓는 사람들은 계절에 맞춰 씨를 뿌리고 추수를 하는데, 음력 만으로는 제대로 된 농사를 지을 수가 없었어요. 음력 8월 중순이면 대부분 가을 무렵이지만 때로는 늦여름인 경우도 있

거든요. 뉴스에서 추석이 빨라서 곡식이나 과일이 채 여물지 않았다는 이야기를 들은 적이 있을 거예요. 그래서 농사를 짓는 사람들은 달이 아닌 태양의 위치를 기준으로 농사일을 했는데, 그것이 바로 24절기예요.

24절기는 태양이 동쪽으로 15도씩 이동하는 것을 기준으로 나눈 것이에요. 입춘, 우수, 경칩, 춘분, 청명, 곡우, 입하, 소만, 망종, 하지, 소서, 대서, 입추, 처서, 백로, 추분, 한로, 상강, 입동, 소설, 대설, 동지, 소한, 대한 등이 있지요. 관습적으로 명절이나 생일, 제삿날은 음력을 사용하지만, 농사에 기준이 되는 24절기는 양력을 사용한답니다.

031 몇 페이지 이상일 때 책이라고 할까?

서점이나 도서관 책장에 꽂힌 책들을 보면 두께가 천차만별이에요. 어떤 책은 아주 얇고, 어떤 책은 혼자 들기도 힘들 정도로 두껍고 무거워요. 하지만 종이에 글씨가 쓰여 있다고 해서 전부 책은 아니에요.

1964년 유네스코에서는 49페이지 이상 되는 것을 책이라고 정했어요. 또 대중들이 읽을 수 있을 것, 인쇄된 것이어야 할 것, 비정기 간행물이어야 할 것 등 자격 요건을 덧붙였지요.

그러면 그림책은 책이 아닐까요? 대부분의 그림책이 49페이지가 되지 않으니까 말이에요. 유네스코에서 말한 49페이지는 법으로 정한 것은 아니에요. 49페이지 이상이 되는 것을 책으로 하되, 예외는 있답니다.

문자가 만들어지면서 사람들은 자기 생각

이나 감정을 글로 쓰기 시작했어요. 종이가 없던 옛날에는 부드러운 점토에 막대기로 글을 쓰거나 돌판이나 나무에 새기기도 했지요. 나뭇잎에도 글을 썼지만 나뭇잎은 쉽게 썩었어요. 중동 지방에서는 양의 가죽을 종이처럼 만든 양피지에 글을 썼어요. 약 5천 년 전 고대 이집트에서는 강에서 자라는 파피루스라는 식물의 줄기를 평편한 판으로 만들어 글을 썼어요. 영어로 종이를 '페이퍼'라고 하는데, 바로 이 파피루스에서 온 것이라고 해요. 파피루스는 글을 쓰기에는 좋은 재료였지만, 만드는 데 시간이 오래 걸려서 부자들만 쓸 수 있었어요.

고대 중국인들은 비단을 사용했어요. 비단은 썩지 않고 가벼웠지만 너무 비싸다는 단점이 있었어요. 그러다가 100년 즈음 후 중국의 관료였던 채륜이 발명한 종이가 아시아뿐만 아니라 유럽에까지 퍼지게 되었어요.

책이 널리 보급되는 데 큰 역할을 한 것이 바로 인쇄술의 발달이에요. 옛날에는 사람이 직접 받아 적어서 책을 만들었기 때문에 한계가 있었지만, 인쇄술의 발달로 보다 많은 사람에게 책이 보급될 수 있었어요.

모차르트는 왜 가발을 쓰고 있을까?

모차르트나 바흐 같은 음악가들의 초상화를 보면 멋진 가발을 쓰고 있어요. 비단 음악가들뿐만 아니라 그 당시의 남자들은 대부분 긴 머리를 하고 있지요.

1650~1700년대 유럽의 상류 사회는 옷차림이 화려하고 사치스러웠어요. 여자들은 가발을 높게 빗어 올려서 보석과 핀으로 장식하고는 누가 더 높게 머리를 올리는가에 관심을 쏟았어요.

여자들뿐만 아니라 남자들도 가발을 쓰고 외모를 꾸몄어요. 왕족이나 귀족들은 양옆이 곱슬거리는 모양의 가발을 목덜미까지 늘어뜨리고 자신의 위세를 드러냈어요. 특히 흰색의 가발은 높은 신분, 많은 부를 의미하기도 했지요. 하지만 프랑스 혁명으로 귀족들이 몰락하면서 화려한 가발도 점점 사라졌어요.

우리나라도 가발이 유행한 적이 있었어요. 사극에서 본 적이 있을 거예요. 옛날 여자들이 머리를 올리고 갖가지 장신

구를 단 모습을 말이에요. '가체' 또는 '어여머리', '큰머리'라고도 해요.

처음에는 간단했던 가체가 조선 시대에 들어오면서 점점 화려해졌어요. 가격도 비싸서 왕족이나 사대부 여인의 가체는 집 몇 채 값이 될 정도였대요. 가체가 너무 무거워 여자들의 목뼈가 부러지는 일도 있었고, 결국 사치와 허영을 막고자 영조 때 특별한 때가 아니면 가체를 금지시켰지만 가체 착용은 여전했지요. 조선 시대에는 총 24번이나 가체 금지령이 내려졌고, 가체 금지령으로 인해 족두리가 나오게 되었답니다.

033 물고기는 왜 물 밖에서 힘들어할까?

사람이 물속에서 괴로운 이유는 숨을 쉴 수 없기 때문이에요. 숨을 쉴 수 없다는 것은 공기가 없다는 말이지요. 물속에 사는 물고기는 물 밖으로 나오면 사람이 물속에 들어간 것처럼 힘들어한다고 해요. 그런데 왜 물고기는 물 밖에서 힘들어할까요?

물속에는 공기가 없을 거라고 생각하지만, 사실 물속에도 공기가 있어요. 설탕물에 설탕이 녹아 있듯 물속에는 공기가 녹아 있지요.

 그렇다면 사람도 물속에 들어가서 숨을 쉴 수 있을까요? 물론 물속에 공기가 녹아 있지만 우리가 호흡할 정도의 많은 산소가 녹아 있지 않아요. 그리고 우리 몸은 기도와 폐에 물이 들어가면 산소가 공급되지 않아 숨을 쉴 수 없답니다.

 사람이 공기를 들이마시면 폐에서 산소만 골라내듯 물고기는 물을 들이마시면 아가미가 물속에 있는 산소를 골라내지요. 어항 속의 물고기들이 가끔 물 위로 올라와서 입을 뻐끔거리는 것을 본 적 있지요? 그것은 물 밖의 공기를 마시는 것이 아니라 물속에 공기를 녹이려는 것이에요. 그렇기 때문에 적조 현상이나 녹조 현상으로 인해 물속에 산소가 부족하거나 사라지면 물고기들도 살 수 없어요. 하지만 망둥이나 뱀장어는 아가미뿐만 아니라 피부로도 호흡할 수 있어서 물속이 아닌 늪지에서 오랜 시간 있을 수 있답니다.

 공기 중에 약 21%가 산소예요. 산소는 맛도, 색깔도, 냄새도 없어요. 녹색 식물의 광합성에 의해서 만들어지는 산소는 모든 동물과 식물의 호흡에 꼭 필요한 기체예요. 그 외에도 물질이 타는 것을 도와준답니다.

034 물하고 기름은 왜 섞이지 않을까?

사이가 별로 안 좋거나 의견이 맞지 않는 경우를 '물과 기름 같다.'고 해요. 왜냐하면 물과 기름은 잘 섞이지 않거든요. 두 액체를 섞기 위해 아무리 젓거나 흔들어도 결국 두 층으로 나누어져요. 그래서 기름때가 묻은 옷은 물로만 빨면 잘 지워지지 않을 거예요.

그런데 물과 기름을 섞을 수 있는 방법이 있어요. 바로 비누예요. 물과 기름에 비누 같은 세제를 섞으면 거짓말처럼 잘 섞여서 비누로 기름때를 제거할 수 있는 거예요.

기름은 식초하고도 사이가 좋지 않아요. 물과 마찬가지로 아무리 섞으려고 해도 두 층으로 나뉘지요. 이때는 달걀노른자를 넣으면 잘 섞이게 되는데, 이처럼 두 액체가 잘 섞이게 하는 것을 '유화제'라고 해요.

물과 기름, 식초는 다 액체예요. 대부분의 액체는 잘 섞이는데, 기름만 유독 잘 섞이지 않는 이유는 분자 구조가 다르기

때문이에요. 물은 극성분자이고, 기름은 무극성 분자로 서로 같은 분자끼리 뭉치려는 성질 때문에 물과 기름은 섞이지 않고 분리되는 거예요.

 또, 물과 기름이 아래위로 층을 이루고 있는 것은 밀도 차이 때문이에요. 비중이 1인 물보다 크면 가라앉고, 작으면 물 위로 뜨는 밀도 차이로 인해 비중이 작은 기름이 물 위로 뜨는 것이지요.

 이러한 원리를 이용해 미술 작품을 만들 수 있어요. 마블링은 물이 담긴 용기에 유성 물감을 떨어뜨린 후 그 위를 종이로 찍어 만드는 작품으로, 작업할 때마다 무늬와 효과가 다르게 나타난답니다.

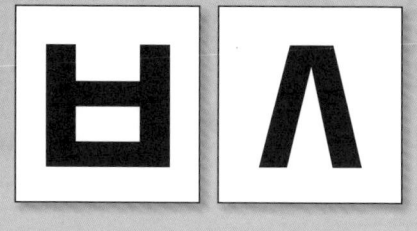

035 바다가 왜 홍해처럼 빨개질까?

'바다' 하면 맑은 파란색이 떠오를 거예요. 때로는 옥색, 코발트색, 에메랄드색 등으로 표현하기도 하지요. 하지만 모든 바닷물이 푸른색은 아니에요.

바다 이름으로 바닷물의 색깔을 짐작할 수 있어요. 하얀 얼음으로 덮여 있는 '백해', 산소가 부족하고 바닷물 속의 물질 때문에 검게 보인다는 '흑해', 바닷속에 있는 해조 때문에 물빛이 붉게 보이는 '홍해', 모두 바닷물의 색깔로 붙여진 이름이에요. 우리나라의 서해는 진흙이 많아 바닷물이 누렇게 보인다고 해서 '황해'라고 하지요.

그런데 가끔 바다가 홍해처럼 붉은빛일 띨 때가 있어요. 바로 '적조 현상' 때문이에요. 가정에서 배출되는 하수나 논밭의 비료가 섞인 물이 하천이나 호수로 흘러 들어가면 바다에 영양분이 많아져 플랑크톤의 수가 갑자기 늘어나면서 바닷물이 빨갛게 변하게 되지요.

플랑크톤은 광합성을 하기 위해 산소를 소비하게 돼요. 만약 그 수가 많아지면 물속의 산소가 부족해지고, 물속에 산소가 부족하면 물고기나 조개들이 모두 죽기도 해요.

　물의 색깔이 변하는 것으로 '녹조 현상'도 있어요. 물속에 플랑크톤이나 수중 생물이 많아지면 부영양화 현상이 나타나게 돼요. 부영양화는 말 그대로 영양이 많아진다는 뜻이에요. 녹조가 발생하면 햇빛이 차단되어 물고기와 수중 생물이 죽게 돼요. 죽은 생물과 물이 썩으면서 발생한 독소 때문에 녹조 현상은 가축이나 야생동물에게까지 피해를 주게 된답니다.

바닷물을 마시면 왜 안 될까?

바다에 표류하다 탈수 현상으로 목숨을 잃는 경우가 있어요. 사방이 바닷물인데 바닷물을 마시면 되지 않냐고요? 큰일 날 소리! 바닷물을 마시면 탈수 현상이 일어나 오히려 목숨이 위험해질 수도 있어요. 바로 삼투압 현상 때문이에요.

삼투압은 농도가 다른 두 용액이 반투막을 사이에 두고 균형을 맞추기 위해 농도가 낮은 곳에서 높은 곳으로 용매가 이동하는 현상을 말해요. 배추를 소금에 절일 때도 삼투압 현상이 일어나요. 배추에 소금을 뿌리면 싱거운 배추는 소금하고 농도를 맞추기 위해 배추 안에 있던 물을 바깥으로 내보내요. 그래서 배추의 숨이 죽게 되지요. 또 뜨거운 물에 몸을 오래 담그고 있으면 손가락과 발가락 끝 피부가 쪼글쪼글해져요. 목욕물의 농도보다 손가락 속의 농도가 더 높아 수분이 빠져나갔기 때문이에요.

우리 몸의 세포막은 삼투막으로 이루어져 있어요. 이 삼투막을 사이에 두고 영양소와 물질들이 이동하면서 에너지를 얻고 노폐물을 주고받아요. 그래서 짠 바닷물이 우리 몸에 들어오면 농도가 엷은 쪽에서 진한 쪽으로 이동하는 삼투압 현상이 일어나는 거예요. 그렇게 되면 세포들이 농도를 맞추기 위해 물을 내보낼 테고, 그 물이 방광에 모여 오줌으로 빠져나가게 되지요. 이때 빠져나가는 물의 양이 마신 물의 양보다 더 많아요. 그러면 또 갈증이 나서 바닷물을 마시고, 또다시 마신 바닷물보다 더 많은 물이 오줌으로 나가기 때문에 탈수증이 일어나고 자칫하다 목숨을 잃게 되는 거예요. 그래서 아무리 목이 말라도 바닷물을 마시면 안 된답니다.

037 바람은 어디서 불어오는 걸까?

더운 날 땀을 식혀 주는 한 줄기 바람은 정말 시원해요. 반대로 한겨울에 부는 바람은 살을 에는 듯이 춥지요.

바람은 기압의 차이로 나타나는 현상이에요. 같은 공간 안에 공기가 많으면 기압이 높고, 공기가 적으면 기압이 낮아요. 기압 차이가 나면 공기는 기압을 맞추기 위해 기압이 높은 곳에서 낮은 곳으로 이동하는데, 그것이 바로 바람이에요.

풍선을 불 때 풍선 안은 공기가 가득 차서 기압이 높아져요. 이때, 풍선 입구에서 손을 떼면 슈웅 하고 바람이 빠지게 돼요. 그게 바로 기압이 높은 곳에서 낮은 곳으로 공기가 이

동하는 것이고, 바람이 부
는 원리랍니다.

　주변보다 기압이 높은 곳을 고기압이라고 하고, 낮은 곳을 저기압이라고 해요. 기압의 차이가 생기는 것은 온도 때문이에요. 더운 공기는 위로 올라가고 차가워진 공기는 아래로 내려가는데, 온도 차이가 크게 날수록, 기압의 차이가 크게 날수록 공기의 움직임, 즉 바람은 세게 불게 되지요.

　바람의 힘을 이용해서 만든 기계가 바로 풍차예요. 소금을 만들기 위해 물을 끌어 올리거나 곡식을 빻는 데 사용했어요. 풍차로 유명한 네덜란드는 국토가 해수면보다 낮기 때문에 물을 퍼 올리기 위해 풍차를 사용했어요.

　요즘에는 바람의 힘을 이용해 풍력 발전소에서 전력을 만들고 있답니다.

038
뱀은 자기보다 큰 것을 어떻게 삼킬까?

《어린 왕자》에서 코끼리를 삼킨 보아뱀의 그림을 본 적 있나요? 동화 속의 이야기로만 생각하겠지만, 뱀은 정말로 자기보다 덩치가 큰 먹이를 삼킬 수 있어요.

파충류인 뱀은 몸이 가늘고 머리가 작아요. 그런데 이빨이 없기 때문에 먹이를 씹을 수 없어서 한꺼번에 삼켜야 한답니다. 뱀의 두개골은 강한 인대로 연결되어 있어서 150도까지 입을 벌릴 수 있으며, 아래턱과 위턱이 완전히 분리될 수도 있어요. 이런 신체 구조

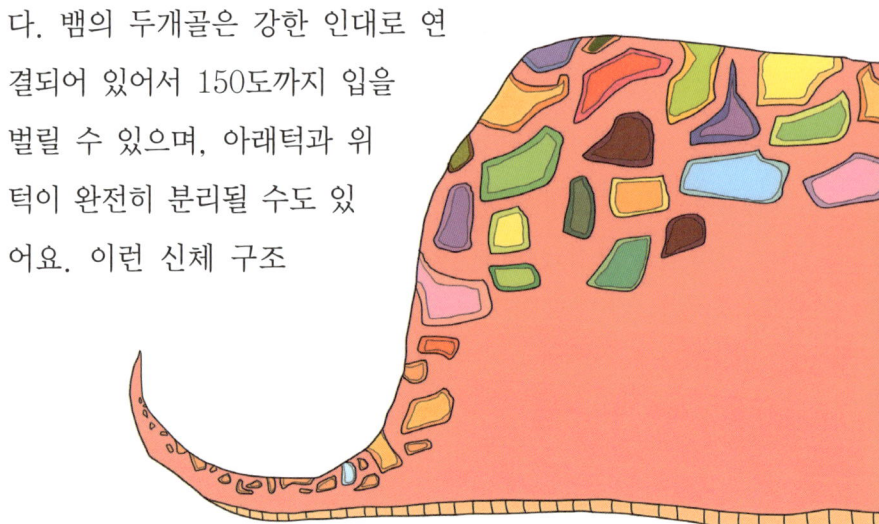

때문에 뱀은 자신보다 큰 먹이를 삼킬 수 있는 거예요. 물론 먹이를 삼키고 나면 뱀의 턱은 제자리로 돌아오니까 걱정할 것은 없어요.

그런데 먹이가 입안을 가득 채우면 숨을 어떻게 쉬냐고요? 그것도 문제없어요. 숨통이 옆으로 움직이며 공기를 빨아들이거든요.

뱀은 시력과 청력이 아주 약해요. 그래서 가까운 거리의 물체만 간신히 볼 수 있고, 소리는 거의 들을 수 없어요. 대신 적외선 열을 감지할 수 있는 기관이 있어서 0.035초 안에 주위보다 온도가 높은 곳에 먹잇감이나 적이 있다는 것을 알아챌 수 있지요. 또한, 땅을 통한 진동에도 매우 민감해요.

뱀이 왜 자꾸 혀를 날름거리는 줄 아나요? 냄새를 맡기 위해서예요. 뱀은 길고 갈라진 혀를 날름거리면서 공기 중의 입자를 입 위쪽에 있는 작은 구멍으로 모아요. 이 구멍을 '야콥스'라고 하는데, 이곳에 후각 신경이 모여 있어서 냄새를 맡을 수 있답니다.

039 번개는 왜 제멋대로 내리칠까?

번개는 순식간에 나타났다가 사라져요. 번개가 치는 모습은 꽤 인상적이에요. 순식간에 위에서 아래로 내리꽂으니까요. 번개가 제멋대로 내리치는 것 같지만 사실 번개는 나름대로 길을 찾아서 내리는 것이랍니다.

번개가 전기라는 것은 다 알고 있지요? 번개는 구름 속에 있는 음전기와 양전기가 서로 부딪치면서 생기는 거예요. 한 번 내리치는 번개는 100와트(W)짜리 전구 4만 2천 개를 여덟 시간 동안 켤 수 있는 에너지를 가지고 있다고 해요. 그리고 번개가 치고 나면 갑자기 열이 가해지면서 폭발음이 나는데, 그것이 바로 천둥이에요.

공기 중에는 전기가 잘 통하는 길이 있고, 그렇지 않은 길이 있어요. 우선 물기가 많을수록 전기가 잘 통해요. 그래서 번개는 공기 중에 물기가 있는 곳을 찾아서 내리쳐 날카롭고 지그재그의 모양이 되는 거예요.

금속은 번개가 좋아하는 물질이에요. 피뢰침을 본 적 있지요? 높은 건물 꼭대기에 있는 피뢰침은 번개와 천둥, 벼락으로부터 건물을 보호하는 것으로, 길을 찾아 내리치는 번개를 피뢰침이 땅 밑으로 유인하는 거예요. 피뢰침의 끝에서 60도의 각도로 땅 위쪽으로 선을 그어 원뿔 모양을 만들었을 때, 원뿔 안쪽이라면 번개로부터 안전하답니다.

피뢰침의 끝은 세 가닥으로 나누어져 있어요. 이것은 각각 다른 방향에서 발생하는 번개에 대비하기 위해서예요. 한 가닥이 반경 120도인 셈이지요. 요즘에는 세 가닥 이상의 피뢰침도 사용되고 있어요.

피뢰침은 건물뿐만 아니라 바다를 항해하는 배에도 있어요. 물론 배에 있는 피뢰침의 끝은 물속으로 이어져 있지요.

040 벌집은 왜 육각형일까?

고대 그리스 사람들은 원이나 구가 가장 완벽한 도형이라고 생각했어요. 어디서 보든 항상 같은 모양을 하고 있으니까 말이에요. 하지만 모두 그렇게 생각하지는 않은 것 같아요. 피타고라스는 오각형을 가장 완벽한 도형이라고 생각했고, 벌은 육각형을 가장 완벽한 도형이라고 여기니까 말이에요.

벌은 무리를 지어 살기 때문에 방이 아주 많이 필요해요. 또 꿀도 저장하고 알도 키워야 하니, 정해진 공간에 되도록 많은 방을 지어야 했지요. 많은 도형 중 빈틈없이 채울 수 있는 도형은 정삼각형과 사각형, 정육각형뿐이에요.

그런데 삼각형과 사각형은 여러 층으로 쌓으면 힘이 없어서 무너지기 쉬워요. 그에 비해 육각형은 여섯 면을 고루 채울 수 있어서 최소한의 재료로 최대의 공간을 확보할 수 있지요. 완성된 벌집의 육각형은 가장 완벽한 도형이에요. 진화론을 주장하는 다윈은 "육각형 벌집은 낭비가 전혀 없는 완벽한 구조

물"이라고 칭찬했답니다.

　육각형의 원리는 벌집뿐만 아니라 눈송이에서도 찾아볼 수 있어요. 눈송이를 가만히 들여다보면 육각형 모양을 하고 있어요. 이것은 물 분자가 육각형으로 보이는 것으로, 물을 육각수라고 부르는 이유도 이런 구성 때문이지요.

　음료수가 든 캔이 원기둥 모양인 것도 다 이유가 있어요. 원기둥은 생산할 때 꽤 경제적이에요. 다른 도형보다 원기둥일 때 전체적인 겉넓이가 최소이고, 용기를 만들기 위해 필요한 재료도 최소로 들지요. 게다가 구조학적으로 다른 도형보다 압력을 견디는 힘이 커서 일반 음료뿐만 아니라 탄산음료, 프로판가스 용기도 모두 원기둥을 사용하는 거예요. 다리의 교각이 원기둥인 이유도 마찬가지랍니다.

041
북극곰이 추울까? 펭귄이 추울까?

지구상에서 가장 추운 곳이라고 하면 남극과 북극을 꼽을 수 있어요. 두 곳 모두 지구의 극지방이에요. 그러면 펭귄이 사는 남극이 더 추울까요? 북극곰이 사는 북극이 더 추울까요?

남극과 북극은 태양열을 많이 받을 수 없기 때문에 적도나 다른 지역에 비해 훨씬 추워요. 게다가 흰 눈에 덮인 채 지구의 각 극지방에 있어서 비슷해 보이지만 엄연히 다르답니다.

북극은 육지가 아니라 바다예요. 거대한 얼음덩어리가 바다 위에 떠 있는 것으로 북극해라고도 해요. 북극해는 지중해의 6배이고, 전 세계 바다의 3%를 차지하지요. 물 위로 보이는 빙하는 전체 빙하의 10%에 불과해요. '빙산의 일각'이라는 말이 어떤 뜻인지 알겠지요? 게다가 따뜻한 바닷물이 흘러들어오기 때문에 추위

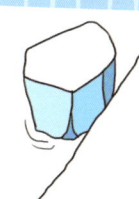

를 녹일 수도 있어요.

　반대로 남극은 대부분이 육지예요. 지구 육지 면적의 10%에 해당하는 남극은 아시아, 아프리카, 북아메리카, 남아메리카에 이어 다섯 번째로 큰 대륙이지요. 한반도의 60배가 된다고 하니, 얼마나 큰지 짐작되지요?

　오랜 세월에 걸쳐 쌓인 눈이 압력으로 단단해져서 2㎞에 이르는 거대한 얼음덩어리를 만들었고, 그 얼음덩어리가 남극 대륙의 98%를 덮고 있어요. 만약 이 얼음이 모두 녹으면 지구 전체의 해수면은 약 60~80m 정도 오를 것이라고 해요. 이렇게 얼음이 뒤덮고 있으니 남극이 북극보다 추운 것은 당연하겠지요? 남극은 추울 때는 영하 40~70도까지 내려간다고 해요.

　북극에는 곰이나 순록 외에도 여러 동물과 이끼나 작은 풀도 살 수 있지만, 남극은 몹시 추워서 펭귄이나 바다표범 같은 몇몇 동물만 살고 있답니다.

042 빗방울을 맞아도 왜 안 아플까?

작은 물체라도 높은 곳에서 떨어지면 가속도가 붙어 상당히 위험해요. 열쇠를 예로 들면 가까운 거리에서 주고받을 때는 큰 위험이 없지만, 높은 건물에서 떨어뜨리면 자동차 앞 유리가 깨질 정도의 위력을 갖게 되지요.

그러면 아주 높은 하늘에서 떨어지는 빗방울은 어떨까요? 위치 에너지와 운동 에너지를 구하는 식을 이용해 계산하면, 빗방울은 약 550km/h의 속력으로 땅에 떨어진다고 해요. 고속도로에 달리는 차가 100km/h인 것을 생각하면 정말 빠른 속도지요.

이렇게 빠른 속도로 빗방울이 떨어지면 우산은 빗방울을 막을 수 없어요. 아니, 막기는커녕 빗방울이 우산을 뚫을 거예요. 그리고 그 빗방울을 그대로 맞으면 우리 몸은 여기저기 멍들고 어쩌면 목숨을 잃을지도 몰라요.

그런데 사실은 빗방울을 맞아도 별다른 느낌이 없어요. 바로

공기 때문이에요. 공기가 떨어지는 빗방울의 운동을 방해해요.

빗방울이 높은 하늘에서 떨어질 때 공기와 부딪히면서 마찰력이 생겨요. 그 마찰력 때문에 빗방울의 속력은 점점 느려져서 땅에 떨어질 때쯤에는 초속 10m 정도밖에 안 된다고 해요. 이런 공기의 역할을 이용한 도구가 바로 낙하산이에요. 비행기에서 떨어지면 사람은 빗방울과 달리 무게가 무거워서 공기의 저항 따위는 상관없을 거예요. 그런데 낙하산을 펼쳐서 공기의 저항을 만들면 천천히, 그리고 안전하게 하늘에서 내려올 수 있지요.

그럼 굵은 빗방울과 가는 빗방울 중 어떤 빗방울이 먼저 떨어질까요? 떨어지는 물체는 중력의 영향을 받기 때문에 무게하고는 상관없어요. 그러니까 빗방울이 굵든 가늘든 떨어지는 속도는 같답니다.

산호는 식물일까? 동물일까?

바닷속에 있는 산호는 색깔이 아름다워서 장식품으로 만들어지기도 해요. 생김새가 나무 같기도 하고 딱딱한 돌 같기도 해요. 그런데 산호는 돌도 아니고 식물도 아닌 동물이랍니다.

산호를 자세히 보면 작은 구멍이 뚫려 있어요. 그 구멍이 입이에요. 입 주변에는 손처럼 생긴 촉수가 있어서 작은 생물인 플랑크톤을 잡아먹어요. 그러니까 산호는 육식하는 동물이에요. 게다가 알을 낳아 번식도 하지요.

또 산호의 몸에는 다시마나 미역, 김 같은 해조류가 살고 있어요. 해조류는 광합성을 하기 때문에 해조류에서 만들어진 영양분을 흡수하며 산호는 자신의 몸을 만들어요.

산호는 태양 빛이 잘 들어오는 따뜻하고 얕고 깨끗한 바다에서만 자라기 때문에 주로 카리브해, 인도양, 지중해, 태평양 서부 해역 등의 열대 바다에서만 볼 수 있어요.

열대 및 아열대기후 지역의 얕은 바다에는 산호의 분비물이나 뼈가 쌓인 단단한 암초인 '산호초'가 있어요.

산호초는 태풍이나 해일, 쓰나미 등의 자연재해를 막아 주는 천연 방파제 역할을 하고, 산호의 각질은 바다 밑에 쌓여 시멘트의 원료가 되는 석회암을 만들기도 해요. 또한, 산호초는 지구온난화를 방지하는 역할도 하지요. 산호에 사는 편모조류는 광합성을 하는데, 수를 헤아릴 수 없을 정도로 많은 편모조류의 광합성은 대기 중의 이산화탄소를 흡수하고 산소를 만들어낸답니다. 광합성이 활발해지면서 대기의 이산화탄소가 줄고, 지구의 온도도 내려가게 되지요. 조사에 의하면 산호초의 광합성 능력은 단위 면적당 열대지방의 밀림보다 뛰어나다고 해요.

044 삼복더위에 왜 뜨거운 음식을 먹을까?

덥고 뜨거운 여름에는 시원한 계곡에서 발을 담그거나 차가운 수박을 잘라 먹는 것이 좋을 것 같지만, 우리 조상들은 더운 여름날 뜨거운 삼계탕을 먹으며 더위를 이겨냈다고 해요. 가만히 있기도 더운데 왜 뜨거운 음식까지 먹었을까요?

복날에서 '복(伏)'은 사람이 개처럼 엎드려 있는 모습으로, 여름의 더운 기운이 가을의 서늘한 기운을 제압했다는 뜻이에요.

복날은 음력 6월에서 7월 사이에 있어요. 1년 중 무더위가 가장 기승을 부리는 복날에는 더위를 이겨내고 원기를 되살리기 위해서 뜨거운 삼계탕을 먹는 풍습이 있어요. 또 바닷가에 사는 사람들은 모래찜질을 하며, 온몸을 뜨거운 모래 속에 묻고 얼굴만 내민 채 찜질을 즐기지요. 왜 그런 걸까요?

'이열치열'이라는 말이 있어요. 열은 열로 다스린다는 말이에요. 날이 더워지면 우리 몸의 온도도 올라가요. 이때 더 뜨거운 음식이 몸속으로 들어오면 위와 장의 운동이 활발해지면서 몸에 열이 올라가요. 체온이 올라가면 열을 식히기 위해 모세혈관이 열리고 땀이 쏟아지는데, 이때 몸속에 있던 나쁜 물질들이 땀과 함께 몸 밖으로 빠져나오면서 시원함을 느끼고 몸도 가뿐해져요. 모래찜질도 비슷한 원리예요. 모래의 따뜻한 열이 몸속의 피를 잘 돌게 하고, 피부의 모세혈관을 열어 땀이 나게 해요. 그러면서 몸속의 나쁜 물질이 빠져나가는 거예요.

  날씨가 더우면 사람의 내장은 차가워져요. 가장 더운 복날에는 사람의 내장이 가장 차갑겠지요? 그래서 열을 내는 음식으로 위장을 달래며 건강하게 여름을 날 수 있었지요.

045 석굴암 본존불상을 왜 막아놨을까?

국보 제24호인 석굴암은 유네스코 세계문화유산이에요. 통일신라의 경덕왕 때 김대성이 전생의 부모를 위해 지었다고 해요.

석굴암은 본존불을 중심으로 둥근 형태의 주실(중심이 되는 방)과 불법을 지키는 천신들을 모시는 네모난 전실로 이루어져 있어요. 주실 가운데 온화한 표정의 본존불에서 단단한 화강암으로 둥글둥글한 부처님을 만든 신라 석공들의 뛰어난 실력을 짐작할 수 있어요. 주실의 둥그런 벽에도 여러 불상이 새겨져 있고, 주실과 전실을 연결하는 통로에는 동서남북을 지키는 용맹한 사천왕이 세워져 있지요.

우리나라에는 단단한 화강암이 많기 때문에 굴을 뚫을 수가 없었어요. 그래서 김대성은 화강암을 쌓아 세계 유일의 인공 석굴을 만들었어요. 접착제 없이 돌판으로만 천장을 둥글게 쌓은 기술은 신라 사람들만의 돌 다루는 기술이었지요.

석굴암 내부에서 가장 염려되는 것은 습기였어요. 습기가 차면 돌에 이끼가 생기기 때문이지요. 그래서 신라인들은 동그란 돔 밑으로 샘을 흐르게 함으로써 바닥의 온도를 낮춰 습도를 조절했어요. 하지만 일제강점기 때 일본이 콘크리트로 샘을 막아버리자 석굴암에 습기가 차서 이끼가 생겼고, 일본은 뜨거운 증기로 이끼를 씻어냈지요.

해방 후 우리나라는 석굴암을 복원하려고 했지만, 일본이 덧바른 콘크리트 때문에 신라 시대 석굴암의 정확한 모습을 알 수 없었어요. 결국 1976년 석굴암의 보존을 위해 유리 벽을 통해 관람하도록 하고 있으며, 에어컨으로 내부의 습기를 제거하고 있답니다.

046 설피를 신으면 왜 눈에 빠지지 않을까?

눈이 내리면 눈싸움도 할 수 있고 눈썰매도 탈 수 있으니 정말 신이 나요. 그런데 눈이 너무 많이 오면 그것도 문제예요. 차가 다닐 수 없는 것은 물론 무릎까지 쌓인 눈길을 걷는 것이 쉬운 일이 아니거든요.

눈이 많이 쌓인 길을 걸어본 적 있나요? 밟는 대로 푹푹 들어가는 것이 마치 갯벌을 걷는 것 같아요. 요즘에는 눈이 많이 오면 부츠를 신어서 눈에 빠지지 않고 미끄럽지도 않게 걸을 수 있지만, 부츠가 없던 옛날 사람들은 어떻게 다녔을까요?

'설피'라는 것을 본 적 있나요? 우리 조상들도 눈이 많이 오면 지금의 부츠처럼 눈 위를 가뿐히 걸을 수 있는 신발을 신었어요. 일종의 덧신이었지요. 길이 45㎝, 폭 25㎝ 정도의 크기의 둥글넓적한 모양으로, 마치 테니스 라켓 같이 생겼어요. 보통 신발보다 2~3배 크게 만든 설피를 신으면 신기하게도 눈

에 빠지지 않고 눈 위를 잘 걸어갈 수 있었어요. 어떻게 가능했을까요? 그 이유는 압력과 힘이 작용하는 면적 때문이에요.

힘은 작용하는 면적이 넓을수록 압력은 낮아져요. 우리가 일반 신발을 신고 눈 위에 서면 힘이 작용하는 면적이 좁은 만큼 압력이 커져서 눈 속으로 쑥 빠지게 돼요. 그런데 설피는 눈과 닿는 면적이 넓어서 눈을 누르는 압력이 그만큼 줄어들지요. 눈이 받는 압력이 낮아져 우리 몸무게를 버틸 수 있는 거예요. 스키나 스노보드를 탈 때 눈에 빠지지 않는 것도 같은 원리예요.

또한 나뭇가지와 짚을 엮은 새끼로 만들어진 설피는 바닥이 울퉁불퉁하기 때문에 눈과의 마찰력이 더욱 높아져 눈 위에서 미끄러지는 것을 막아 주지요. 마치 밑창에 홈이 난 신발을 신는 것이나 자동차 바퀴에 체인을 감는 것과 마찬가지의 원리랍니다.

047 세뱃돈은 왜 설날에만 줄까?

가장 기다리는 명절이 언제냐고 묻는다면 단연 설날일 거예요. 친척들과 모여서 인사를 나누고, 맛있는 음식을 먹고, 무엇보다 세뱃돈을 받으니까 말이에요.

설날은 음력 1월 1일로, 옛날 우리 조상들은 음력을 지냈기 때문에 음력 1월 1일을 새해의 첫날로 여겼어요. 설날 아침에는 조상님께 차례를 지내고, 어른들께 새해 첫인사로 세배를 해요. 세배를 하고 나면 어른들께서 덕담을 해 주시고 세뱃돈을 주시지요.

세뱃돈을 주는 것은 중국에서 시작된 풍습이에요. 중국에는 설날이 되면 붉은색 봉투에 돈을 넣어 주는 풍습이 있어요. 베트남에서도 빨간 봉투에 새 돈을 넣어 주는 관습이 있지요. 우리와 다른 점은 베트남은 세배는 받지 않고 세뱃돈만 준다는 거예요.

조선 시대에는 세배하러 온 아이들에게 세뱃돈 대신 떡이나

과일 등을 주었어요. 그러다 점차 돈을 주었다고 해요.

세뱃돈을 줄 때는 겉봉에 반드시 '책값', '붓값'처럼 어디에 쓸 것인지 적어 복주머니 속에 넣어 주었어요.

설은 옛날부터 지내던 명절이에요. 고려 시대에 설과 정월 대보름, 삼짇날, 팔공회, 한식, 단오, 추석, 중양절, 동지를 9대 명절로 삼은 걸 보면 설은 아주 오래전부터 지내던 명절이었던 것 같아요.

그런데 1895년 을미개혁이 단행된 이후 조선을 일본화하려는 일본의 야욕으로 인해 음력설 대신 양력설을 지내도록 강요받았어요. 그 후 1989년 이후에서야 우리 민족 고유의 명절로 자리 잡았답니다.

048
수증기는 투명한데, 김은 왜 흰색일까?

빨래가 마르는 것은 물이 수증기로 증발하기 때문이에요. 컵에 떠놓은 물이 며칠 뒤에 줄어드는 것도 물이 수증기로 증발하기 때문이지요. 눈에 보이지는 않지만 물은 증발하고 있어요. 그런데 주전자에 물을 끓일 때 나오는 하얀 김도 물이 증발하는 수증기예요. 같은 수증기인데 왜 어떤 때는 보이고, 어떤 때는 안 보이는 걸까요?

물이 기체로 증발하는 수증기는 눈에 보이지 않아요. 그런데 물이 증발하는 김이 눈에 보이는 것은 공기와의 온도 차이 때문이에요. 뜨거워진 수증기가 차가운 공기와 닿으면 작은 물방울로 변해요. 그래서 우리 눈에 하얗게 보이는 것이지

수증기야, 어디있니….

요. 더운 여름에 컵에 차가운 물을 따르면 컵 표면에 물방울이 맺혀요. 그것 역시 눈에 보이지 않던 수증기가 차가운 컵 표면에 닿아서 액체로 변한 거예요.

수증기는 눈에 보이지 않지만 항상 공기 중에 있어요. 공기 중에 있는 수증기를 '습도'라고 해요.

여름에 습도가 높으면 더 덥게 느껴져요. 우리 몸은 외부 온도가 올라가면 몸의 온도를 낮추기 위해 땀을 흘려요. 땀은 피부에서 열을 증발시켜 체온을 낮춰 주거든요. 그런데 습도가 높으면 땀이 잘 마르지 않고, 열을 잘 배출하지 못하게 돼요. 그러니 당연히 같은 기온이라도 더 덥게 느껴지는 거예요.

눈에 보이든 보이지 않든 온도와 압력 등에 의해 증발한 수증기는 하늘로 올라가 구름이 돼요. 물을 많이 머금은 구름은 비를 뿌리고, 비로 내린 물은 다시 강이나 바다에 모이게 되는 거예요.

씨 없는 수박이나 씨 없는 포도는 일일이 씨를 발라내지 않아도 되니 먹기가 편해요. 하지만, 씨앗으로 번식하는 식물에 씨앗이 없으면 어떻게 번식을 할까요?

씨 없는 수박은 1943년에 일본의 기하라 히토시 박사가 만들었어요. 1935년에 우리나라의 우장춘 박사가 세운 씨 없는 수박의 기초 원리를 바탕으로 일본에서 만든 거예요. 하지만 우리나라는 1953년이 되어서야 씨 없는 수박을 처음 재배할 수 있었지요.

씨 없는 수박의 재배 과정은 좀 복잡해요. 화학물질 처리를 한 수박의 꽃가루를 일반 수박의 꽃에 수분시켜 얻은 수박의 씨앗을 다시 일반 수박의 꽃에 수분시키면 씨 없는 수박이 열리는 거예요. 두 번의 재배 과정을 거쳐야 하니 씨 없는 수박을 먹으려면 2년을 기다려야 하지요.

일반 수박은 씨가 영양분을 섭취하고 남은 것이 과육이 되지만, 씨 없는 수박은 씨가 없어서 씨로 흡수될 영양분이 과육에 축적되어 일반 수박보다 당도나 맛이 더 뛰어나답니다.

 씨 없는 포도도 마찬가지예요. 씨 없는 수박처럼 사람이 인공적으로 변형시킨 것이랍니다.

050 아프리카에도 눈이 쌓인 곳이 있을까?

아프리카 하면 사막과 정글이 떠올라요. 1년 내내 덥고 습한 날씨로도 유명하지요. 그런데 그렇게 더운 아프리카에 1년 내내 눈이 덮인 산이 있어요. 바로 킬리만자로산이에요.

킬리만자로산은 아프리카 대륙의 최고봉이자 세계에서 가장 큰 휴화산이에요. 해발 5,895m 최고봉에는 흰 눈이 덮여 있지요.

높은 정상으로 올라갈수록 태양과 가까워져서 따뜻할 것 같지요? 하지만 지구와 태양 사이의 엄청난 거리를 생각하면 아무리 높은 산이라고 해도 지표보다 태양에 가깝지 않아요.

지구는 태양 복사 에너지를 받고 있어요. 약 51%만 지표면에 흡수되고, 나머지는 반사되거나 먼지 또는 구름에 흡수되지요. 그런데 지구는 태양 복사 에너지를 받기만 하는 게 아니라 밖으로 내보내기도 해요. 이 열은 대부분 지표와 가까운 공기 중에 흡수되고 아주 적은 양만 대기로 이동해요.

그래서 위로 올라갈수록 지구 복사 에너지가 적게 도달하여 지표보다 기온이 낮아져 높은 산에는 1년 내내 눈이 녹지 않는 만년설이 생기는 거예요. 만년설은 에베레스트나 알프스에도 있어요.

태양과 가까워질수록 기온이 떨어진다는 것은 단풍이 드는 것은 보면 알 수 있어요. 단풍은 산꼭대기에서부터 들잖아요. 나무는 기온이 낮고 공기가 건조해지면 스스로 엽록소를 분해해 광합성량을 줄여요. 그래서 단풍이 만들어지는 거예요. 산 위에서부터 단풍이 드는 것을 보면 산꼭대기 온도가 더 낮다는 것을 알 수 있답니다.

051 아프리카의 국경선은 왜 직선일까?

세계 지도를 보면 각 나라의 국경은 꽤 복잡해요. 유럽이나 남아메리카의 경우는 더욱 그렇지요. 그런데 아프리카의 국경선은 아주 간단해요. 특히 알제리, 리비아, 이집트, 모리타니 같은 나라들의 국경선은 직선으로 아주 반듯하게 그어져 있어요. 어떻게 이렇게 간단하게 국경을 정했을까 싶지만, 사실 이 국경들은 다른 나라들이 정한 것이랍니다.

대항해 시대가 시작되면서 포르투갈, 네덜란드, 영국 등 유럽 국가들은 아프리카 대륙으로 진출하기 시작했어요. 이 검은 대륙을 노예의 공급지로 만들기 위해서 서로 경쟁하며 아프리카를 식민지화했지요.

원래 국경을 나눌 때는 하천이나 산맥 같은 자연조건에 따라 경계를 구분해요. 그런데 아프리카의 국경은 1884년 당시 독일 재상인 오토 비스마르크가 주재한 '베를린 회의'에서 임의로 정해졌어요. 단순히 경도와 위도에 따라 직선을 그어서 국

경을 정한 거예요. 아프리카 분할은 20여 년에 걸쳐 강대국들의 이해관계에 따라 이루어졌어요.

그런데 아프리카에는 전혀 다른 언어를 가진 1,500개 이상의 원주민이 있어요. 나이지리아만 해도 언어와 문화가 다른 종족이 400개나 되지요. 베를린 회의에서 정해진 아프리카 경계선은 원주민의 인종과 문화를 무시하고, 유럽 국가들의 이익을 바탕으로 정해져서 서로 연관이 없는 부족이 한 나라에서 생활하거나 같은 부족임에도 불구하고 분단되는 사태가 발생했어요. 그 결과 오늘날까지도 아프리카에서는 갈등과 분쟁이 끊이지 않고 있답니다.

052 아프면 왜 열이 날까?

감기는 주로 코나 입을 통해 바이러스나 세균에 감염되는 질병이에요. 재채기, 코막힘, 콧물, 기침, 미열, 두통 및 근육통과 같은 증상이 나타나요. 인플루엔자 바이러스가 옮기는 감기를 독감이라고 해요. 독감은 감기보다 열이 심하고 근육통과 함께 기침도 심해요.

감기가 환절기에 많이 걸리는 것은 공기가 건조해서예요. 건조하면 호흡기를 덮고 있는 점막이 말라 바이러스가 침입하기 쉽고, 실내와 실외의 온도 차이

가 커서 몸의 저항력이 약해진답니다. 감기에 걸렸다는 것은 몸의 저항력이 약해졌다는 신호로 다른 병에도 잘 걸리게 돼, 감기를 만병의 근원이라고도 하지요.

우리 몸의 혈액에는 백혈구, 적혈구, 혈소판, 혈장이라는 성분이 있어요. 혈액을 원심분리하면 혈장과 적혈구 사이에 얇은 흰색의 층이 생성되는데, 이 흰색의 층에 포함된 세포들을 백혈구라고 불러요.

우리 몸에 바이러스가 침입하면 이를 제거하기 위한 면역 반응이 일어나요. 백혈구는 우리 몸에 침입한 나쁜 세균과 싸우면서 우리 몸을 지키는 일을 해요. 나쁜 세균과 싸울 때 백혈구들은 더 많은 백혈구를 모으기 위해 화학물질을 내뿜으면서 체온이 높아지는 거예요.

적혈구는 혈관을 통해 우리 몸의 조직에 산소를 공급하고 이산화탄소를 제거하는 역할을 해요. 혈관 내에 쌓인 노폐물을 제거하는 것도 적혈구예요. 혈소판은 출혈이 생겼을 때 가장 먼저 피를 멈추는 지혈 작용을 한답니다.

053 악어는 먹이한테 미안해서 우는 걸까?

동물들은 아무런 감정도 못 느낄 거라고 생각하는 사람들이 많아요. 하지만 동물들도 기쁘고 슬픈 것을 느낀답니다. 다만 우리가 잘 모를 뿐이에요. 집에서 애완동물을 키우는 친구들은 애완동물의 기분이 좋은지, 나쁜지를 알 수 있을 거예요.

대부분의 포유동물은 눈에 이물질이 들어갔을 때 씻어내기 위해 눈물을 흘려요. 하지만 인도양에 사는 '듀공'이라는 동물은 슬프면 눈물을 흘린다고 해요. 또 코끼리도 슬픔을 느끼면 눈물을 흘리지요.

그런데 전혀 다른 이유로 눈물을 흘리는 동물이 있어요. '악어의 눈물'이라는 말을 들어봤나요? 악어는 먹이를 먹을 때 눈물을 흘려요. 그 이유가 먹이에 미안해서래요. 이 말은 이집트 나일강에 사는 악어의 전설에서 유래되었어요. 나일강에 사는 악어는 사람을 잡아먹은 후에 그 사람을 위해 눈물을 흘린대요. 하지만 진짜로 감정이 섞인 눈물은 아니에요. 악어는 눈물

샘의 신경과 입을 움직이는 신경이 같아서 먹이를 삼키기 좋게 수분을 보충하는 것이 마치 눈물을 흘리는 것처럼 보이는 거예요. 먹이를 먹으면서 거짓 눈물을 흘리는 '악어의 눈물'은 패배한 적 앞에서 흘리는 위선적이고 교활한 눈물을 의미한답니다.

 '악어와 악어새'라는 말은 공생 관계를 말할 때 자주 쓰는 말이에요. 공생은 서로 다른 두 생물이 이익을 주고받으면서 생활하는 것을 말해요. 악어가 강가에서 쉬고 있으면 악어새가 악어 입속으로 들어가 이빨 사이에 낀 고기 조각이나 음식 찌꺼기를 먹거나 악어 입안을 청소해 줘요. 그러면 악어는 입안을 청소할 수 있고 악어새는 먹이를 먹을 수 있으니 서로 도움이 되지요. 하지만 악어와 악어새의 공생 관계는 주로 부정적인 관계를 비유할 때 많이 쓰인답니다.

여러 명의 귀신을 뭐라고 부를까?

우리말은 물건마다 세는 단위가 달라요. 일반적으로 사람은 '명'이라고 하고 물건은 '개'라고 하지만, 때로는 사물을 셀 때 특정한 단위가 붙기도 해요.

그런데 만약 귀신이 여럿 있다면 단위를 뭐라고 해야 할까요? 귀신한테는 '위'라는 단위를 써요. 위는 죽은 사람의 이름을 적은 나무패를 세는 단위이기도 해요.

집이나 건물은 한 채, 두 채라고 하는데, '채'는 이불을 셀 때도 사용해요. 일반적으로 동물을 셀 때는 '마리'라고 하지만 말이나 소를 셀 때는 '필'이라는 단위를 써요. 또 나무를 셀 때는 '그루'라고 하지요.

묶음을 세는 단위도 있어요. '손'이라는 단위를 들어본 적 있나요? 생선을 셀 때는 '마리'라고 하지만, 한 손에 잡을 만한 분량을 나타낼 때는 '손'이라는 단위로 세기도 한답니다. 보통 한 손은 생선 2마리를 말해요. 북어는 20마리를 묶어서 '쾌'라고 하고, 오징어는 20마리를 묶어서 '축'이라고 해요. 굴비는 20마리, 즉 한 줄에 10마리씩 2줄로 엮은 것을 '두름'이라고 하지요.

 채소나 과일을 묶어 세는 단위로 '접'이 있어요. 한 접은 100개라는 뜻으로, 마늘 한 접이라고 하면 마늘 100개를 뜻해요. 김 한 톳은 건조된 김 100장을 말하고, 오이는 50개씩 묶어서 '거리'라고 한답니다.

 바늘은 '쌈'이라고 하는데, 한 쌈은 바늘 24개예요. 이외에도 한약 뭉치를 셀 때는 '첩'이라고 하고, 한약 20첩은 따로 '제'라고 해요.

055 예방접종을 했는데 왜 감기에 걸릴까?

겨울이 시작되기 전에 독감 예방접종을 해요. 겨우내 감기에 걸리지 말라고 말이에요. 그런데 예방접종을 했는데도 감기에 걸릴 때가 있어요. 왜 그런 걸까요?

예방접종은 병균을 막기 위해 우리 몸에 주사하는 것이 아니에요. 오히려 병을 일으키는 세균이나 바이러스를 우리 몸 안에 넣어서 그것을 이기기 위한 항체를 만들어, 나중에라도 똑같은 세균이나 바이러스가 들어와도 병에 걸리지 않게 하는 거예요. 하지만 예방주사를 맞았는데도 항체가 생기지 않았거나 항체가 약하면 감기에 걸릴 수 있어요.

항체를 만드는 데에는 약 15일 정도 시간이 필요해요. 그렇기 때문에 독감이 유행하기 전에 미리 맞아야 하지요. 독감 예방접종뿐만 아니라 대부분 예방접종이 같은 원리예요. 이런 예방 주사를 '백신'이라고 해요.

 옛날에 천연두는 사람의 목숨을 위협하는 아주 무서운 전염병이었어요. 그런데 소젖을 짜는 여자들은 천연두에 걸리지 않는다는 소문이 돌았어요. 이를 근거로 영국의 제너라는 의사가 1796년에 '우두법'을 실시했어요. 우두법은 면역 물질을 천연두를 앓는 소에게서 얻었기 때문에 붙여진 이름이에요.

 우리나라에서는 지석영이 1879년 부산에 있던 일본 해군 병원 제생의원에서 '종두법'을 배우고 시행하다 이듬해에 아예 일본으로 건너가 종두법을 공부했어요. 그런데 1882년에 임오군란이 일어나자 일본에서 종두법을 배웠다는 이유로 체포령이 내려지기도 했어요. 하지만 임오군란 이후 다시 종두를 보급했답니다.

056 옛날 시장은 왜 오일장이었을까?

옛날에는 자급자족했어요. 필요한 물건이 있으면 만들어 쓰고, 남은 물건은 이웃하고 바꾸어 썼지요. 그러다가 점차 화폐가 발달하면서 돈을 주고 물건을 사고팔게 되었어요. 이렇게 물건을 사고파는 곳을 '시장'이라고 해요.

요즘은 대형마트도 있고 백화점도 있어서 물건 사는 것이 어렵지 않아요. 특산물을 사러 직접 멀리 갈 필요 없이 인터넷이나 전화로 주문하면 하루 만에 택배로 오기 때문에 아주 편리하게 물건을 살 수 있지요.

그럼 옛날 시장은 어땠을까요? 옛날에는 주로 보부상이 물건을 팔러 돌아다녔어요. 산지에서 특산물을 사서 멀리 있는 사람들에게 팔러 다닌 것이지요. 하지만 돌아다니면서 장사를 하다 보니 큰 이익을 얻을 수 없었어요. 물건을 잔뜩 가져왔는데 살 사

람들이 모이지 않아 손해를 보거나, 반대로 물건을 살 사람들은 보부상이 언제 올지 몰라 무작정 기다리다 정작 필요한 물건을 제때 사지 못했어요.

 그래서 날짜를 정해 물건을 팔 사람과 살 사람이 만나기로 했어요. 그게 바로 시장이에요. 사람들은 시장에서 물건도 사고, 이야기를 나누면서 다른 마을의 소식도 들을 수 있었지요.

 그런데 왜 하필이면 오일장이었을까요? 사실 오일장뿐만 아니라 칠일장도 있었고, 십일장도 있었어요. 하지만 보부상들이 4~5일을 기준으로 이 동네에서 저 동네로 이동했기 때문에 마을 장터에 5일마다 장이 섰고, 그래서 오일장이 유명하게 된 거예요.

057 오늘 누는 똥은 언제 먹은 밥일까?

　음식을 너무 많이 먹으면 배가 아파 화장실에 가고 싶을 때가 있어요. 먹자마자 화장실에 갔다면 좀 전에 먹은 음식이 소화되는 것일까요? 그럼 오늘 누는 똥은 언제 먹은 밥일까요?

　보통 음식이 소화되고 똥이 되어 나올 때까지는 18~24시간이 걸려요. 밥이 똥이 되기까지 어떤 과정을 거치는지 살펴봐요.

　음식을 잘게 씹으면 침에 있는 소화액과 섞이면서 식도로 넘어가요. 식도는 열심히 운동해서 음식물을 위로 이동시키지요. 가끔 물구나무를 서서 음식을 먹는 장면을 본 적이 있을 거예요. 물구나무를 서서 물을 마시거나 음식을 먹으면 위로 안 갈 것 같지만, 식도의 근육 운동 때문에 음식물이 위로 갈 수 있답니다.

　위는 위쪽은 식도와 연결되어 있고, 아래쪽은 십이지장과 연결되어 있어요. 위로 간 음식은 위액과 섞이면서 걸쭉한 액체가 될 때까지 계속 운동을 하지요.

 소화된 음식은 5~6m 정도 되는 작은창자로 이동을 해요. 작은창자 안쪽 벽에는 손가락 모양의 '융모'라는 돌기가 있어 음식물의 영양분을 흡수하지요. 음식물은 4시간 정도 작은창자에 머물러 소화되고, 남은 것들은 큰창자로 이동해요. 큰창자는 길이가 1.5~1.6m이며, 주로 물을 흡수해요.

 이런 과정을 거쳐 남은 찌꺼기가 어느 정도의 쌓이면 몸 밖으로 배출하기 위해 화장실에 가게 되는 거예요. 그러니까 밥을 많이 먹고 바로 화장실에 가더라도 그 똥은 방금 먹은 밥은 아니겠죠? 건강한 사람은 한 번에 100~200g의 대변을 봐요. 채소를 많이 먹은 사람은 고기를 많이 먹는 사람보다 대변의 양이 많아요. 채소에 들어 있는 섬유질이 장에서 잘 소화되지 않아 대변에 섞여 나오기 때문이에요.

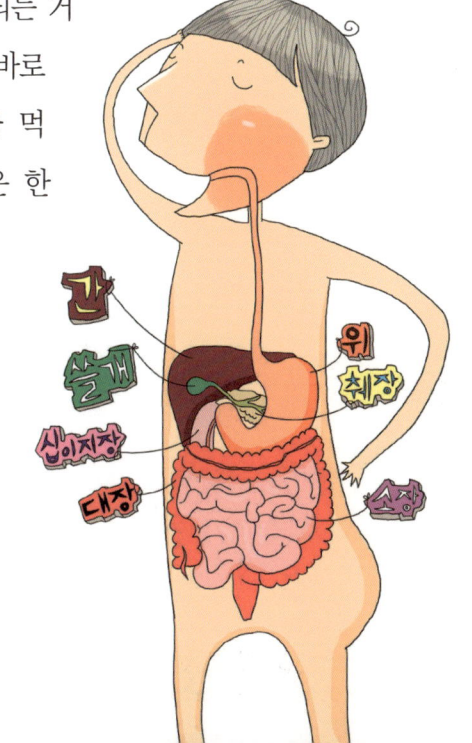

왕은 한 명인데, 궁궐은 왜 여러 개였을까?

서울 사대문 안에 들어서면 경복궁을 비롯해 창덕궁, 창경궁, 경운궁, 경희궁이 있어요. 왕은 한 명인데 궁궐은 왜 여러 개였을까요?

경복궁은 태조 이성계가 조선을 세우고 한양을 새로운 도읍지로 결정하고 나서 가장 먼저 지은 궁궐이에요. 왕이 머물면서 나랏일을 돌보던 곳으로 '정궁'이라고도 해요.

창덕궁은 태종이 이궁으로 지은 궁궐이에요. 이궁은 전쟁과 같은 국가적 재난을 대비해 만든 궁궐이에요. 유네스코 세계문화유산에 지정될 정도로 아름다운 궁궐이지만, '왕자의 난'이라는 불행한 역사를 안고 있지요. 태종은 왕위 찬탈로 형제들이 죽은 경복궁에 있고 싶지 않아서 창덕궁을 지었다고 해요.

경운궁(덕수궁)은 원래 성종의 형인 월산대군의 집이에요. 월산대군이 죽은 후 비어 있다가 임진왜란 때 경복궁이 불에 타자 선조가 임시 궁궐로 사용했어요. 대한제국 때에는 고종이 궁궐로 사용하기도 했어요.

창경궁은 원래 세종이 왕에서 물러난 태종을 모시기 위해 만든 수강궁이었어요. 후에 성종이 왕후를 모시기 위해 수강궁을 증축하여 지금의 창경궁을 만들었지요. 세종과 성종의 효심이 담긴 궁궐이에요. 하지만 1909년 일본은 창경궁 안에 동물원과 식물원을 만들고, 이름도 창경원이라고 바꿨어요. 일본인들이 좋아하는 벚나무를 심어 밤 벚꽃놀이를 하기도 했지요. 해방 후 1980년대 시작된 창경궁 복원 공사를 통해 동물원과 식물원을 철거하고, 벚나무도 소나무나 단풍나무 등으로 교체하여 원래의 모습과 창경궁이라는 이름을 되찾았어요.

경희궁은 원래 이궁으로 사용하려고 지었지만, 궁의 규모가 크고 여러 임금이 이 궁에서 정사를 보았고, 때로 왕위 즉위식이 거행되기도 해서 중요시되었어요. 일제강점기 때 대부분의 건물들이 훼손되었지만, 다행히도 옛 건물의 기단과 전체적인 궁궐의 지형이 잘 남아 있으며, 궁궐 뒤쪽의 울창한 수림이 보존되어 있어 지금까지도 궁궐로서의 자취를 간직하고 있답니다.

059 왕의 이름은 어떻게 지을까?

태정태세문단세예성연중인명선광인효현숙경영정순헌철고순

내 생전에 많은 업적을 남기리라.

이게 뭔지 아나요? 조선 시대 27명의 임금의 호칭을 외우기 쉽게 나열한 거예요. 제대로 하면 태조, 정종, 태종, 세종, 문종, 단종, 세조, 예종, 성종, 연산군, 중종, 인종, 명종, 선조, 광해군, 인조, 효종, 숙종, 경종, 영조, 정조, 순조, 헌종, 철종, 고종, 순종이랍니다.

조선 시대에는 임금이 죽은 다음에 생전에 행한 업적을 기준으로 '조'나

'종'이라는 '묘호'를 붙였어요. 나라를 세우거나 탁월한 공이 있으면 '조'를 붙이고, 문물을 융성했거나 덕이 많았으면 '종'을 붙였지요.

묘호는 바뀌기도 해요. 선조는 원래 선종이었다가 임진왜란을 극복한 것을 인정받아 선조가 되었어요. 영조와 정조도 원래는 영종, 정종이었는데, 개혁정치를 펼쳐 나라를 다시 세운 것만큼 큰일을 해냈기 때문에 묘호가 바뀌었답니다.

난폭하거나 임금의 자리에서 쫓겨난 임금에게는 묘호를 내리지 않았어요. 성격이 난폭하기로 유명한 연산군은 왕위에 있던 12년 동안 무오사화, 갑자사화 등을 일으켰으며, 광해군은 자신의 왕위를 위협하는 사람들을 함부로 내쳐 결국 인조반정으로 축출되어 묘호를 얻지 못했지요.

고려 시대에도 임금의 이름이 비슷해요. 고려 후기 원나라는 고려의 정치·경제 등에 간섭했어요. 고려가 황제의 칭호를 사용하지 못하게 하였으며, 원나라에 충성하라는 의미로 왕 이름 앞에 '충'자를 붙이게 했어요. 그래서 충렬왕, 충선왕, 충숙왕, 충혜왕 등 '충'으로 시작하는 왕이 많았답니다.

060 원주율은 왜 끝이 없을까?

원주율은 원의 지름이 1일 때의 원의 둘레를 말해요. 보통 근사치인 3.14로 계산하고, 둘레를 뜻하는 그리스어의 머리글자인 π(파이)로 나타내요.

원은 둥글기 때문에 둘레를 구하기 위해 자로 잴 수도 없고, 일직선으로 펴서 잴 수도 없어요. 그런데 원은 크든 작든 모두 닮은 도형이기 때문에 원의 크기가 달라져도 원주율은 항상 똑같아요. 그래서 오랜 옛날부터 사람들은 원주율을 구하기 위해 애썼답니다. 왜냐하면 원주율을 알아야 원의 둘레와 넓이를 구할 수 있기 때문이에요.

원주율의 근삿값을 알아낸 사람은 기원전 바빌로니아인이라고 해요. 조금 차이는 나지만 원의 둘레가 지름의 3배라는 것을 알아냈대요. 원의 둘레를 구하는 공식(원지름×3.14)으로 계산하면 얼추 비슷해요.

수학적인 계산을 통해 처음으로 원주율의 값을 구한 사람은 아르키메데스예요. 원의 안과 밖에 접하는 다각형을 그리는 방법으로 96각형을 그려서 원주율의 근사치에 이르렀지요.

그리고 평생을 원주율을 구하는 데 시간을 보낸 수학자가 있어요. 16세기 독일의 수학자 루돌프로, 원주율의 값을 소수 35자리까지 정확하게 계산했어요. 심지어 유언으로 자신의 묘비에 자신이 구한 원주율의 값을 새겨달라고까지 했대요. 이런 루돌프를 기념하여 원주율 값을 독일어로 '루돌프 수'라고 부르기도 해요.

지금도 정확한 원주율을 구하려고 애쓰고 있지만, 원주율은 끝없이 계속되는 소수로 근삿값일 뿐 정확한 값은 구할 수 없답니다.

061 은행은 많은 돈을 어디에 보관할까?

은행은 저금하거나 돈을 인출하는 곳이에요. 또 돈을 빌려주기도 하고 다른 나라의 돈으로 환전해 주기도 하지요. 많은 사람이 이용하는 곳이니 은행에는 돈이 엄청 많겠지요? 그 많은 돈을 보관하려면 은행의 금고는 얼마나 커야 할까요?

사실 은행에는 돈이 많지 않아요. 수십, 수백억 원이 있을 것 같지만 대부분의 은행 금고에는 3억 원 정도의 현금만 있다고 해요. 그럼 나머지 돈은 어디에 있는 걸까요?

은행도 돈이 많으면 저금을 해요. 반대로 돈이 부족하면 대출을 받기도 하지요. 은행의 은행인 바로 '한국은행'에서 말이죠.

한국은행은 1950년 6월에 창설된 우리나라 중앙은행이에요. 중앙은행이란 나라의 중심이 되는 은행을 말해요. 화폐는 공신력이 있는 금융기관

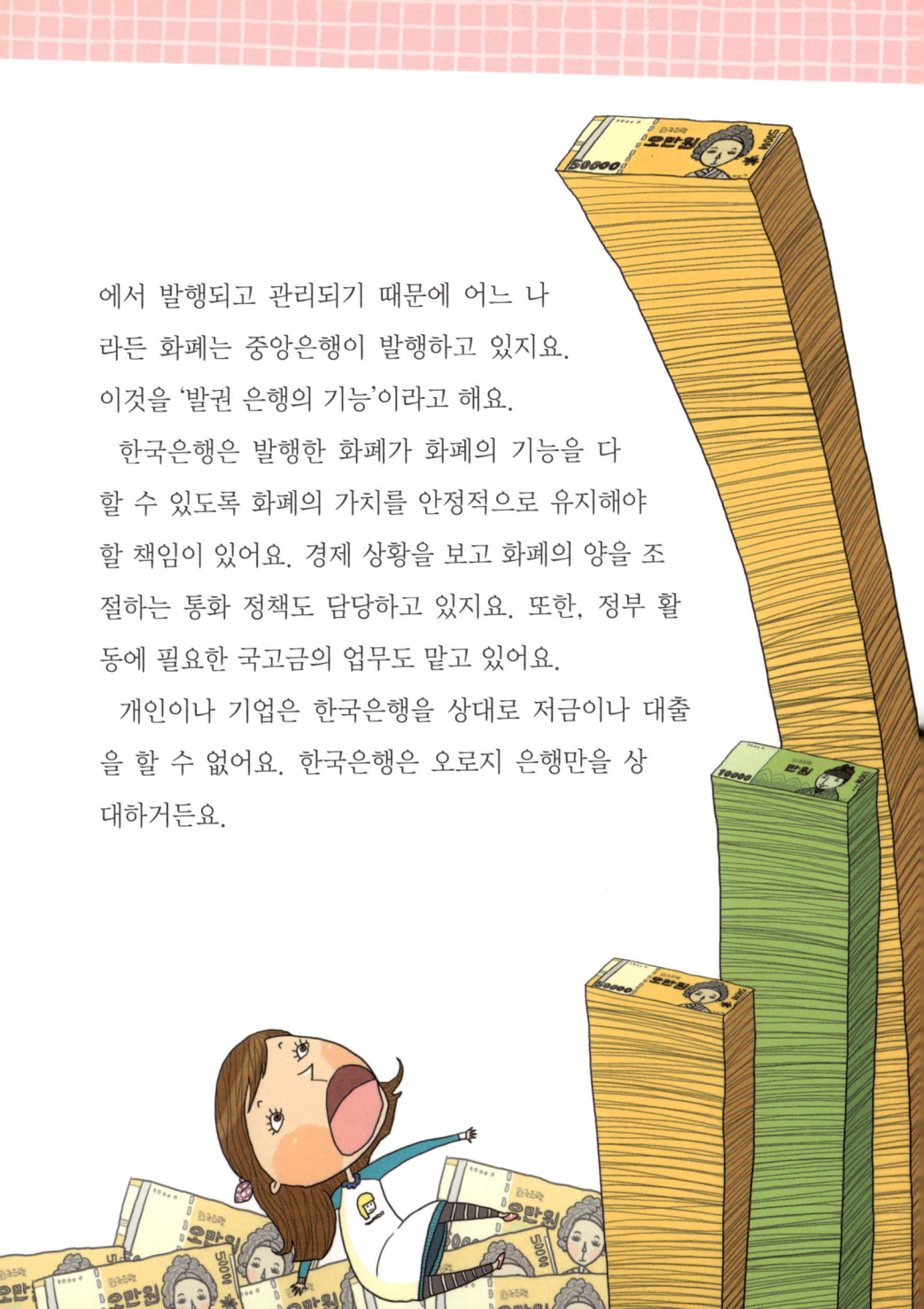

에서 발행되고 관리되기 때문에 어느 나라든 화폐는 중앙은행이 발행하고 있지요. 이것을 '발권 은행의 기능'이라고 해요.

한국은행은 발행한 화폐가 화폐의 기능을 다 할 수 있도록 화폐의 가치를 안정적으로 유지해야 할 책임이 있어요. 경제 상황을 보고 화폐의 양을 조절하는 통화 정책도 담당하고 있지요. 또한, 정부 활동에 필요한 국고금의 업무도 맡고 있어요.

개인이나 기업은 한국은행을 상대로 저금이나 대출을 할 수 없어요. 한국은행은 오로지 은행만을 상대하거든요.

이글루는 불을 피워도 왜 안 무너질까?

이글루는 단단한 눈을 벽돌 모양으로 잘라 차례로 쌓아 올린 집이에요. 차가운 눈으로 지은 집이니까 추울 것 같지요? 그런데 이글루 안은 생각보다 따뜻해요. 과학의 원리를 이용해서 지은 집이거든요.

이글루는 출입문 앞부분에 통로나 창고로 사용되는 공간이 있는데, 이 터널 모양의 입구가 밖에서 들어오는 찬 공기를 막아 주는 역할도 해요. 하지만 추운 북극에서 이글루 안에만 있다고 해서 추위가 해결되지 않을 거예요. 그럼 어떻게 해야 할까요?

추위를 달래기 위해 불을 피워야 해요. 그런데 얼음으로 만든 집에서 불을 피운다면 바로 녹아 없어질 것 같지요? 하지만 걱정 안 해도 돼요. 오히려 불을 피움으로써 이글루가 더욱 단단해지니까요.

고체가 액체가 되거나 액체가 기체가 될 때는 열이 필요해요. 하지만 반대로 기체가 액체가 되고, 액체가 고체가 될 때는 열에너지가 나온답니다. 이글루는 이 원리를 이용한 집이에요. 이글루 안에서 불을 피우면 벽의 얼음이 녹는 것은 당연해요. 하지만 와르르 무너지기에는 날씨가 무척 추워요. 녹을 새도 없이 금방 다시 얼어버리고 말지요. 살짝 녹았던 물이 다시 얼면서 열이 방출되어 이글루 안이 따뜻해지는 거예요.

울릉도의 너와집도 같은 원리예요. 너와집은 기와 대신 널빤지나 두꺼운 나무껍질을 이용해 지붕을 이은 집으로, '우데기'라는 집의 바깥쪽에 둘러치는 벽이 있어서 여름에는 햇빛을 막아 시원하고, 겨울에는 찬 바람을 막아 집 안을 따뜻하게 해 주지요.

063 이사부랑 이차돈은 조상이 같을까?

'독도는 우리 땅'이라는 노래에 이런 가사가 있어요.

"신라 장군 이사부 지하에서 웃는다."

이 노래에 나오는 이사부는 지금의 울릉도인 우산국을 신라 땅으로 만든 장수예요. 내물왕의 4대손이지요.

신라는 박 씨, 석 씨, 김 씨가 다스렸어요. 신라 제17대 왕인 내물왕은 김 씨였답니다. 이사부가 내물왕의 자손인데 왜 이 씨냐고요? 이사부의 성씨는 당연히 김 씨예요. 이사부는 그냥 이름이지요. 그리고 신라 최초의 불교 순교자인 이차돈도 이 씨가 아니에요. 이차돈은 이름이고 성씨는 박 씨예요. 두 사람 모두 성씨를 붙

항복하지 않으면 사자를 모두 풀어놓겠다.

인다면 김이사부, 박이차돈이 돼요.

우리나라에서 성씨를 사용한 것은 아주 오래전부터예요. 신라 건국 신화에 박혁거세가 박 씨의 시조가 된 것만 봐도 알 수 있어요. 하지만 보통 성을 붙이지 않고 이사부, 이차돈이라고 불렀어요. 요즘처럼 이름과 구별되어 사용한 것은 고려 시대부터예요.

후삼국을 통일한 태조 왕건은 진골, 성골 세력이 눈에 거슬렸어요. 통일신라에는 골품제도라는 신분제도가 있어서 진골, 성골이 정치와 경제를 독점하고 있었거든요. 고려가 건국된 후에도 진골과 성골은 사라지지 않고 왕건이 신라를 다스리는 데 걸림돌이 되었지요. 신라의 귀족 세력을 어떻게 누를까 고심한 왕건은 진골이나 성골이 아닌 새로운 세력과 손을 잡기로 했어요. 왕건은 고려 건국에 협력한 세력들에 성씨와 본관을 주어 골품제를 무너뜨리고 왕권을 강화했답니다.

064 이토 히로부미는 왜 하얼빈 역에서 총에 맞았을까?

우리나라의 독립을 위해 목숨을 걸고 일본의 이토 히로부미를 저격한 안중근 의사를 모르는 사람은 없을 거예요. 그런데 왜 한반도나 일본이 아닌 중국의 하얼빈이었을까요? 그 이유는 이토 히로부미가 러시아 대표와 철도에 대한 회담을 하기로 한 장소가 하얼빈이었기 때문이에요.

당시 러시아는 모스크바에서 블라디보스토크까지 철도를 연결하려고 했어요. 그게 바로 시베리아 횡단철도예요. 러시아는 이미 1894년 모스크바에서 바이칼 호수에 이르는 철도 구간을 완성했고, 남은 것은 바이칼 호수에서 블라디보스토크까지의 구간이었지요.

일본은 마음이 조급해졌어요. 조선을 손에 넣은 뒤 만주에 진출하려던 일본은 영국과 동맹을 맺고 러시아와 싸웠어요. 이것이 '러일전쟁'이에요.

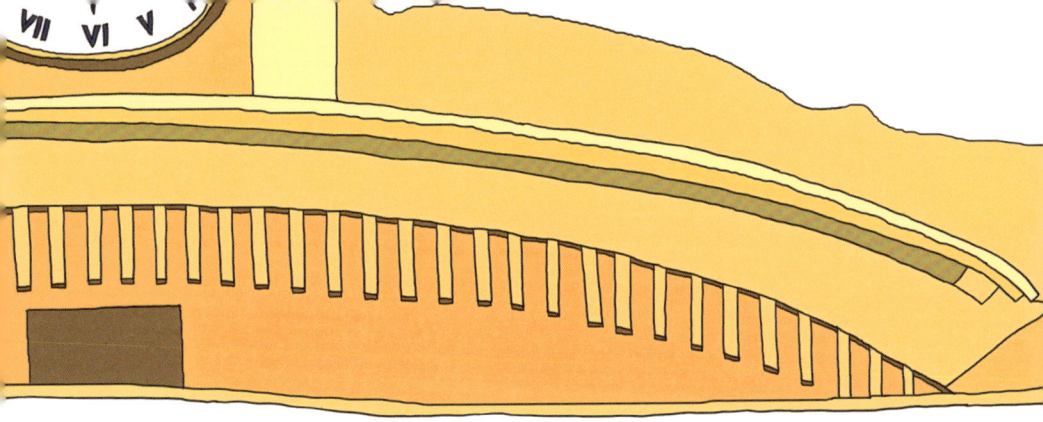

　전쟁에서 승리한 일본은 미국의 주선으로 러시아와 '포츠머스 조약'을 맺었어요. 그런데 이를 계기로 미국까지 만주철도에 눈을 돌리기 시작한 거예요. 결국 러시아와 일본은 미국을 경계하기 위해 만주를 나눠 갖고 서로 간섭하지 않겠다는 협정을 맺었어요. 1909년 이토 히로부미는 이 협정을 협의하기 위해 러시아 재무상을 만나러 하얼빈에 온 것이었어요.

　지금도 러시아의 하얼빈 역에 가면 안중근 의사가 이토 히로부미를 저격했던 장소와 이토 히로부미가 총에 맞은 장소가 표시되어 있답니다.

065 일기를 쓰고 돈을 받을 수 있을까?

일기는 하루에 있었던 일 중 가장 기억에 남는 일을 기록하는 글이에요. 남에게 보여 주는 글이 아니라 개인적인 일을 기록하는 글이지요. 그런데 돈을 받기 위해 일기를 쓴 사람이 있어요. 바로 '하멜'이에요.

1653년 7월 30일, 네덜란드의 무역선이 일본으로 향했어요. 이 배에는 동인도회사 소속의 하멜을 비롯해 여러 명의 선원이 타고 있었어요. 그런데 일본으로 가는 도중 폭풍을 만나 제주도에 표류하게 되었어요.

관원에게 체포된 하멜 일행은 제주도, 한양, 강진, 여수 등 여기저기에 끌려다니면서 감금되기도 하고, 강제로 일도 하고, 심지어 구걸도 했어요. 한양으로 호송되어서는 훈련도감의 군인으로 배치되기도 했지요.

1666년 간신히 조선을 탈출해 일본을 거쳐 1668년 네덜란드로 돌아간 하멜은 동인도회사를 찾아가 조선에 억류되었던

동안의 월급을 달라고 했어요. 그런데 동인도회사에서 월급을 주지 않자, 화가 난 하멜은 조선에 억류되었던 동안의 일을 책으로 만들어 동인도회사에 제출했고, 그제야 억류 기간 동안의 월급을 받을 수 있었다고 해요. 그 책이 바로 《하멜 표류기》예요.

《하멜 표류기》에는 조선의 군사, 형벌, 관료제, 가옥, 교육, 상업 등에 대한 기록과 조선으로 가는 항로 등이 기록되어 있어요. 월급을 받기 위해 쓴 일기지만, 유럽 각국어로 번역되어 조선을 서방에 최초로 소개한 유명한 책이 되었답니다.

066
장마가 끝났는데도 왜 비가 올까?

장마는 6월 말에서 7월 말까지 계속 비가 오는 것을 말해요. 장마철에는 기온과 습도가 모두 높아서 불쾌지수가 높고, 식중독이 발생하기도 쉽지요. 그 후 장마가 끝나면 본격적인 불볕더위가 시작돼요.

장마는 따뜻한 북태평양 기단과 차가운 오호츠크해 기단이 한반도에서 부딪치면서 발생해요. 두 기단이 만나 만들어진 장마전선은 고기압 세력에 따라 오르내리며 비를 뿌리다가 점점 북상해서 만주 지방으로 물러나요. 그러면 우리나라는 고온다습한 북태평양기단의 영향으로 삼복더위가 시작되지요.

그런데 장마가 끝났는데도 폭우가 쏟아질 때가 있어요. 일기 예보에서는 분명히 장마가 아니라고 하는데, 나흘씩 비가 오는 이유는 무엇일까요?

장마가 끝난 후에도 비가 마구 쏟아지는 것은 기단과는 전혀 상관없이 따뜻한 공기와 찬 공기가 만나면서 대기가 불안해져 국지성 호우가 내리는 거예요. 구름 속에는 비를 만드는 구름 덩어리가 있는데, 이 구름 덩어리가 습한 공기를 빨아들여 강해지면서 국지성 호우를 일으켜요. 국지성 호우는 예측하기 어렵다는 특징이 있답니다.

전기뱀장어에 감전되면 죽을까?

 물고기 중에 전기를 만드는 물고기가 있어요. 전기뱀장어, 전기메기, 전기가오리 등으로 그 가운데 전기뱀장어는 꽤 무섭다고 해요.

 주로 남아메리카 아마존강 주변에 사는 전기뱀장어는 몸이 2m 정도까지 자라고, 꼬리 부분에 650~850V의 높은 전기가 흘러서 전기뱀장어에 감전되면 말도 기절하고, 사람도 몇 시간 동안 마비될 정도래요.

 전기는 약 2,600여 년 전에 그리스의 과학자 탈레스가 발견했어요. 털가죽으로 '호박'이라는 보석을 문지르다가 가벼운 물체가 달라붙는 것을 알게 되었어요. 하지만 탈레스는 왜 물건이 달라붙는지 이유를 알 수 없었지요. 이후 16세기에 영국의 길버트가 마찰전기에 관한 과학적 연구를 시작했고, 호박이 지니는 전기력과 자석의 전기력과의 차이를 밝혀냈답니다. 프랑스의 뒤페는 전하에 양과 음의 구별이 있다는 것을 발견했고, 그 뒤를 이어 프랑스의 쿨롱이 전하를 띤 두 물체 사이에 작용하는 전기력에 관한 법칙을 발견했어요. 지금과 같은 전기를 사용한 것은 18세기 산업혁명 이후부터랍니다.

 전기는 양전하와 음전하로 이루어져 있어요. 두 개의 물체를 마찰시키면 하나는 +전하를, 다른 하나는 -전하를 띠게 되지요. 그러면서 서로 다른 전하끼리는 달라붙고 같은 전하끼리는 서로 밀어내는 성질을 이용해 다양한 전기 현상을 만들어요.

 전기뱀장어는 몸에서 스스로 전기를 만들지만 사람들은 발전소에서 전기를 만들어요. 발전소는 강한 자석 안에 도선(전기의 양극을 이어 전류를 통하게 하는 쇠붙이 줄)을 여러 번 감은 코일이 회전하면서 전기를 발생하는 것으로, 자연에서 힘을 얻어 전기를 얻는답니다.

068 전봉준은 왜 녹두장군이 되었을까?

어릴 때부터 총명하고 용감했던 전봉준은 키가 작고 몸집이 탄탄해서 별명이 '녹두'였어요. '녹두장군'은 전봉준의 어렸을 때 별명에서 나온 거예요.

당시 조선은 일본과 러시아 같은 외세에 시달리는 데다가 전라도 고부의 군수인 조병갑이 저수지를 만든다면서 농민들의 돈과 곡식을 빼앗고 못살게 굴었어요. 결국 1894년 전봉준은 동학교도들과 농민들을 이끌고 관아로 쳐들어갔지요.

'사람은 모두 똑같다.'는 동학은 양반들에게 고통받던 농민들에게 커다란 희망이었어요. 고부에서 시작된 동학농민운동은 전라도 일대를 점령할 정도로 점점 퍼져나갔어요. 하지만 동학농민군을 진압할 능력이 없던 조선 정부는 청나라에 도움을 청했고, 톈진조약에 따라 일본군도 조선에 파병되었어요. 그로 인해 청일전쟁이 일어나고 말았답니다.

  결국 동학농민군은 자신들의 동학운동으로 인해 조선이 외세 세력으로 넘칠 것 같아 스스로 물러났지요. 그러고는 조선 정부에 공평하게 세금을 징수할 것과 백성을 괴롭히는 탐관오리를 파직할 것 등을 담은 개혁안을 내놓았지만, 조선 정부는 약속을 미루기만 했어요. 청일전쟁에서 승리한 일본이 내정간섭을 하기에 이르자 나라를 지키기 위해 동학농민운동이 다시 일어났지만, 일본군에게 패하고 1895년 전봉준은 사형을 당했어요.

069 전쟁에서 무기 없이 싸워도 이길 수 있을까?

전쟁은 무기를 가지고 싸우기 때문에 목숨을 잃는 사람이 많아요. 전쟁으로 하나의 나라가 없어지기도 하고, 영토가 넓어지기도 해요. 그런데 무기 하나 없이 적을 물리친 사람이 있어요. 바로 '서희'예요.

고려가 세워질 무렵, 중국에는 송나라가 있었어요. 그리고 그 사이에 거란족이 세운 요나라가 있었지요. 고려는 송나라와 사이가 좋았어요. 거란족은 그게 못마땅했지요. 송나라의 국력이 약해서 금방이라도 칠 수 있을 것 같은데, 고려가 송나라를 돕겠다고 끼어들면 곤란해지거든요. 그래서 거란은 고려에 친하게 지내자고 손을 내밀었어요. 하지만

고려는 오랑캐와 외교를 맺을 수 없다고 거절했지요.

　화가 난 거란은 80만 대군과 함께 소손녕을 고려로 보냈어요. 힘으로 위협해서 외교를 맺을 생각이었지요. 하지만 사실 거란은 고려와 싸울 수가 없었어요. 싸우는 틈을 타 송나라가 쳐들어올지도 모르는 상황이었거든요. 소손녕을 만난 서희는 거란이 고려와 싸울 생각이 없다는 것을 알았어요. 거란이 바라는 것은 송나라와의 싸움에 고려가 끼어들지 않는 것이었어요. 그래서 서희는 회유책을 썼답니다.

　마침 고려는 압록강 유역의 여진족 때문에 머리가 아팠어요. 서희는 소손녕한테 "여진족이 길목을 막고 있어서 거란족과 외교를 맺기 힘듭니다."라고 하면서 거란이 여진족을 물리치면 외교를 맺겠다고 했지요. 소손녕은 서희의 말에 동의하여 여진족을 물리치고 압록강 유역의 땅을 고려에 선물로 주었어요. 그곳이 강동 6주랍니다.

　뛰어난 지략의 서희는 거란과 고려를 모두 만족시켰어요. 거란은 고려가 송나라와 친한 것을 막게 되었고, 고려는 압록강까지 영토를 넓힐 수 있었답니다.

070 절은 왜 산에 지었을까?

교회나 성당은 주변에서 쉽게 볼 수 있어요. 하지만 절은 잘 보이지 않아요. 대부분 깊은 산속에 있으니까요. 왜 절은 산에 많은 걸까요?

불교가 우리나라에 들어온 것은 삼국 시대예요. 인도에서 중국으로, 중국에서 우리나라로 전해졌지요. 가장 먼저 불교를 받아들인 나라는 고구려로, 소수림왕 때 우리나라 최초의 절이 세워졌어요. 그다음에 백제에 불교가 전해졌지요. 하지만 신라에 전파되는 데에는 어려움이 많았어요.

신라는 귀족의 힘을 누르고 왕권을 강화하기 위해 불교를 받아들였기 때문에 귀족들의 반대가 심했지요. 결국 불교를 주장하던 이차돈은 "불교는 뜻이 깊으므로 반드시 비상한 일이 있을 것이다."라는 말을 남기며 형벌을 받게 되었고, 이차돈의 목이 베이는 순간 그 자리에서 흰 피가 솟아 나왔고, 신라는 불교를 공인하게 되었어요.

　삼국 시대의 불교는 왕실의 외교와 후원을 중심으로 발달했기 때문에 호국의 성격이 강했어요. 고구려의 청량사지, 백제의 미륵사지, 신라의 황룡사지 등의 절터를 보면 삼국 시대에 절이 활발하게 세워진 것을 알 수 있어요.
　통일신라 시대에는 불교 종파의 하나인 선종이 들어오면서 절을 세울 때 산세와 지형을 살폈어요. 개인의 수행과 고행을 강조하는 선종은 수도하기 좋은 산에 절을 지었지요. 고려 시대에는 불교가 국가적 종교로 발전하면서 왕실과 국가의 안녕을 위해 절을 지었고, 풍수지리를 따져 명당에 짓다 보니 주로 산에 짓게 되었어요.
　그런데 조선 시대에 들어서면서 불교에 대한 생각이 많이 바뀌었어요. 유교를 숭상하는 조선은 불교를 탄압하고 심지어 승려가 되는 것을 금지하였고, 이를 피해 몰래 숨어서 절에 가다 보니 깊은 산속에 절을 세우게 된 거예요.

071 절의 기둥은 왜 불룩할까?

절에 가 보면 건물의 기둥이 불룩한 것을 볼 수 있어요. 그러한 기법을 '배흘림기둥'이라고 해요. 기둥을 일자로 곧게 깎으면 기둥 윗부분은 넓게 보이고 가운데 부분은 홀쭉하게 보여 안정감이 떨어지기 때문에 자연스럽고 안정감 있는 배흘림기둥 기법을 많이 사용해요. 배흘림기둥은 기둥의 중간을 굵게 하고 위·아래로 가면서 점차 가늘어지는 기법으로 구조상의 안정감을 주었어요. 우리나라뿐 아니라 그리스 신전, 중국이나 일본의 건축에서도 흔히 사용되고 있는 기법으로, 그중에서도 부석사의 무량수전이 으뜸이랍니다.

또 다른 기법으로 '민흘림기둥'이 있어요. 위로 올라갈수록 기둥의 두께가 좁아지는 사다리꼴 모양이에요. 미륵사지 석탑, 정림사지 석탑, 수원 장안문, 화엄사 각황전 등에 사용되었어요.

이외에도 우리나라 건축물에는 귀솟음, 안쏠림이라는 기법이 있어요. 귀솟음은 건물의 바깥쪽 기둥을 가운데 기둥 보다 조금 높이는 거예요. 기둥의 높이가 같으면 양쪽 끝이 낮아 보이는 착시 현상을 일으킬 수 있거든요. 그래서 바깥쪽 기둥을 가운데 기둥 보다 높여 추녀의 선이 더욱 치솟은 모양이 되도록 했답니다. 우리나라 건축 특징 중 하나예요.

안쏠림은 가운데를 빼고 양쪽의 기둥머리를 조금씩 안쪽으로 모이게 하는 것으로, 기둥을 나란히 세우면 건물이 옆으로 퍼져 보이는 착시 현상을 교정하기 위한 기술이에요.

이렇듯 물체가 실제와는 다르게 보이는 것을 '착시'라고 해요. 흰색은 팽창해 보이고 검은색은 수축해 보이는 것도 착시예요. 흰색과 검은색의 바둑알은 크기가 같아 보이지만 사실 검은색이 조금 크답니다.

072 정전기 때문에 죽기도 할까?

　겨울에 옷을 벗거나 차 문을 열다가 정전기 때문에 깜짝 놀란 경험이 있을 거예요. 정전기는 말 그대로 '전기'예요. 잠깐 놀라거나 따끔한 정도라 별것 아니라고 생각하겠지만, 정전기의 전압은 수천에서 수만 볼트(V)나 되어 사람이 목숨을 잃을 정도로 위험하지요. 그런데 정전기에 감전되어 죽은 사람은 없어요. 정전기에 흐르는 전류의 양이 워낙 적고, 전류가 흐르는 시간도 짧기 때문이에요.

　정전기가 생기는 이유는 마찰 때문이에요. 물체를 이루는 원자 주위에는 전자가 돌고 있어요. 그런데 원자핵에서 멀리 떨어진 전자들은 마찰로 인해 다른 물체로 이동을 해요. 이때 전자를 잃은 쪽은 +전하가, 전자를 얻은 쪽은 −전하가 되는데, 전기가 너무 많이 쌓였을 때 유도체가 닿으면 순식간에 전기가 불꽃을 튀기며 이동해 정전기를 만들어요.

겨울에 유난히 정전기가 많이 생기는 것은 습도가 낮아서예요. 여름에는 습도가 유도체 역할을 하기 때문에 정전기가 잘 발생하지 않아요.

책받침으로 머리카락을 문질러서 장난하는 정도로만 정전기를 생각하면 안 돼요. 정전기는 생각보다 위험해서 기름을 운반하는 유조차의 경우 작은 불꽃에도 불이 날 수 있어요. 그래서 유조차 뒤편에 땅바닥으로 늘어뜨린 접지 장치가 있지요. 이 접지 장치를 통해 정전기를 땅으로 배출하는 거예요. 반도체 부품도 정전기에 손상되기 쉬워요. 그래서 반도체를 다루는 사람들은 소매와 양말에 접지선이 달린 특수한 옷을 입고 작업을 한답니다.

그렇다고 정전기가 몹시 나쁜 것만은 아니에요. 복사기는 정전기를 이용해 토너의 잉크 가루를 종이에 묻히고, 투명한 비닐랩이 그릇에 잘 달라붙는 이유도 정전기 때문이에요.

제헌절 이전에는 법이 없었을까?

제헌절은 1948년 7월 17일에 대한민국 헌법이 제정, 공포된 것을 축하하는 날이에요. 헌법을 수호하고 준법정신을 높일 목적으로 제정된 기념일이지요.

그럼 그전에는 법이 없었을까요? 어느 시대, 어느 나라나 법은 항상 있었어요. 그런데 왜 한참이 지나서야 제헌절이 생겼냐고요? 우리나라의 최고법인 '헌법'이 1948년에 제정되었기 때문이에요.

대한민국 정부가 수립된 후 역사상 최초로 헌법에 의해 통치한다는 점을 알리기 위해 1949년에 제헌절을 국경일로 정했어요. 조선왕조 건국일인 7월 17일에 맞춰 1949년 7월 17일에 헌법을 공포했지요.

법은 사회 안에서 지켜야 할 규범과 이를 어겼을 때 어떤 벌을 받는지 정해 놓은 것으로, 고조선에는 '팔조법'이 있었어요. 팔조법에는 '사람을 죽인 자는 사형에 처한다, 사람을 다치게 한 자는 곡식으로 갚는다, 도둑질한 자는 종으로 삼는다'는 내용이 담겨 있어요.

우리나라 최초의 법전은 조선 시대에 편찬된 《경국대전》이에요. 그동안 우리나라는 중국의 법에 의존했었어요. 그러다 보니 우리나라 실정에 맞지 않는 경우가 많았어요. 그래서 조선의 현실에 맞게 법을 만들어 백성을 올바르게 다스리기 위해 《경국대전》을 만들게 된 거예요.

《경국대전》에는 관리를 임용하는 방법, 군사를 훈련하는 방법, 과거 시험을 보는 방법뿐만 아니라 10홉은 1되이고 10되는 1말이라는 단위까지 일상생활에 관한 전반적인 법을 담고 있어요.

조선 후기 고종은 우리나라 최초의 근대헌법이라고 할 수 있는 《홍범 14조》를 반포하였고, 우리나라의 자주독립을 처음으로 선포한 문서로 역사적 의의가 무척 크답니다.

074 지구는 둥근데 왜 땅은 평편할까?

지구가 둥글다는 것은 모든 사람이 아는 상식이에요. 그런데 옛날 사람들은 지구가 평편하다고 생각했어요. 그도 그럴 것이 우리가 밟고 있는 땅이 곡선이 아니라 평편한 모습을 하고 있기 때문이에요. 분명 지구는 둥근데 왜 땅은 평편해 보이는 걸까요?

그 이유는 지구보다 인간이 아주 작기 때문이에요. 우선 땅에 선을 그어 보면 분명히 직선이에요. 하지만 먼 우주에서 보면 이 선은 어떻게 보일까요? 지구의 표면을 따라 그린 곡선으로 보일 거예요. 지구 위에 있는 우리만 땅이 평편하다고 느낄 뿐이지요.

지구가 둥글다는 것을 알게 된 후 지리나 과학 외에 수학에도 큰 변화가 생겼어요. 지구가 평편하다고 생각한 사람들은 도형도 평면만을 생각했어요. 그리고 평행선은 절대 만나지 않는다고 주장했지요.

그런데 지구가 둥글다는 것을 알고 난 후 문제가 생겼어요. 평면적인 지도에서와 달리 둥근 지구본에서는 위선과 경선이 북극과 남극에서 만나잖아요. 즉, 평행선이 한 곳에서 만나는 것이지요. 이처럼 직선을 그릴 수 없는 공간을 생각하다 발견한 기하학이 바로 '비유클리드 기하학'이에요. 하지만 고대부터 이어온 평행선에 대한 진리가 흔들리자 가우스가 비유클리드 기하학을 발견했을 때 발표를 꺼리고 비밀에 부쳤다고 해요.

075 지구는 얼마나 빨리 돌까?

지구가 태양 주위를 돌고 있다는 것은 누구나 다 아는 사실이에요. 그리고 지구 자신도 돌고 있다는 것 또한 잘 알고 있지요. 지구가 자전하는 데 24시간이 걸리고, 우리는 그 시간을 '하루'라고 해요. 그러면 둘레가 약 4만㎞나 되는 어마어마한 크기의 지구가 24시간 동안 한 바퀴를 돌려면 얼마나 빨리 돌아야 할까요?

계산해 보면 지구는 1시간에 약 1,666㎞를 돌아야 해요. 서울에서 제주도까지의 거리는 500㎞가 채 되지 않아요. 비행기를 타고 1시간이 걸려요. 1,666㎞는 서울에서 제주도를 갔다 오고, 다시 제주도를 가야 하는 거리예요. 지구는 그 거리를 1시간 만에 가야 해요. 게다가 마하 87의 속도로 태양 주위를 돌고 있다니, 상상하기도 힘든 속도로 빠르게 도는 지구에 우리가 붙어 있는 것이 다행이다 싶어요.

우리는 지구가 돌고 있다는 것을 느끼지 못해요. 마하의 속도로 돌고 있으면 어지러울 텐데 지구가 돌고 있다는 것을 전혀 느낄 수 없어요. 달리는 기차 안에서 점프를 하면 어떻게 될까요? 기차는 움직이고 우리는 제자리에서 뛰어오른 것이니 점프하는 동안 기차가 달린 만큼 이동해야 하겠지만, 실제로는 원래 점프한 곳과 같은 곳에 착지해요. 게다가 기차가 아무리 빨리 달려도 기차에 탄 사람들은 기차가 멈춰 있는 것처럼 편하게 느껴요.

그 이유는 사람도 기차와 같은 속도로 움직이고 있기 때문이에요. 지구도 마찬가지예요. 지구가 어마어마한 속도로 돌고 있는 것처럼 우리도 어마어마한 속도로 함께 돌고 있기 때문에 어지럽지 않은 거예요.

076 지구와 달은 왜 부딪치지 않을까?

지구는 자전하면서 태양 주위를 돌고 있어요. 달 역시 자전하면서 지구 주위를 돌고 있지요. 달은 자전 주기와 공전 주기가 같아서 지구에서 보는 달의 방향은 항상 같아요. 그러니까 우리는 달의 반대편을 전혀 보지 못하는 거예요.

달은 지구 주위를 돌고 있을 뿐만 아니라 지구와 서로 끌어당기고 있어요. 그런데 지구와 달은 왜 부딪치지 않을까요?

모든 물체 사이에는 서로 끌어당기는 힘이 작용하고 있어요. 이것을 '만유인력'이라고 해요. 지구가 자전을 하고 있는데 사람이 지구 밖으로 떨어지지 않는 것도, 공기가 지구 밖으로 벗어나지 않는 것도 만유인력 때문이에요.

만유인력은 지구와 달 사이에도 존재해요. 아무리 달이 도망가고 싶어도 지구가 끌어당기고 있기 때문에 벗어나지 못하지요.

밀물과 썰물이 만들어지는 것도 만유인력 때문이에요. 태양

과 달이 일직선을 이룰 때는 달의 만유인력이 강해져서 바닷물을 많이 끌어당기고, 태양과 달이 직각을 이루면 끌어당기는 힘이 약해지기 때문에 바닷물을 끌어당기는 힘도 약해진답니다.

 지구와 달 사이에는 만유인력만 있는 게 아니라, 달은 원심력도 가지고 있어요. 원심력은 원운동을 하는 물체가 중심 밖으로 나가려는 힘을 말해요. 다시 말해 중심에서 바깥으로 튕겨 나가려는 힘이지요. 달의 원심력과 지구의 만유인력이 힘의 균형을 이루고 있기 때문에 달과 지구는 일정한 거리를 두고 빙글빙글 돌 수 있는 거예요. 만약 만유인력이 더 크면 지구와 달은 부딪칠 것이고, 원심력이 더 크면 달은 지구의 공전 궤도에서 벗어나게 된답니다.

077 지폐 때문에 사형된 왕은 누구일까?

 죄를 지은 사람을 잡기 위해 붙여 놓은 지명수배지를 본 적 있나요? 전단에는 사진과 함께 무슨 죄를 지었는지도 적혀 있어요. 그런데 지폐가 지명수배지 역할을 한 적이 있어요. 프랑스에서 있었던 일이에요.

 '태양의 왕' 루이 14세와 그 뒤를 잇는 루이 15세, 16세는 베르사유 궁전에서 호화로운 생활을 누렸어요. 그 비용은 고스란히 백성들의 세금에서 충당되었지요. 결국 무거운 세금을 부담하는 시민들은 혁명을 일으켰고, 그게 바로 '프랑스 혁명'이에요.

 프랑스 혁명으로 하루아침에 쫓기는 신세가 된 루이 16세는 나라 밖으로 탈출하려다가 한 농부에게 붙잡히고 말았어요. 농부가 어떻게 루이 16세의 얼굴을 알아봤냐고요? 바로 지폐 때문이었어요.

 루이 16세는 경제난을 극복하려고 '아시냐'라는 새 지폐를 발행했어요. 그리고 지폐에 자신의 초상화를 넣었고, 그로 인해 프랑스에서 루이 16세의 얼굴을 모르는 사람이 없게 된 거예요. 농부도 지폐 때문에 루이 16세의 얼굴을 단번에 알아볼 수 있었지요. 지폐에 자신의 초상화를 그려 넣은 루이 16세는 결국 단두대의 이슬로 사라졌어요.

프랑스뿐만 아니라 우리나라나 일본, 중국 등 많은 나라의 지폐에도 인물이 그려져 있어요. 그 이유는 위조를 방지하기 위해서랍니다. 초상화는 조금만 달라도 사람들이 쉽게 구별할 수 있기 때문에 위조 방지에 도움이 돼요.

또한 역사적으로 기념할 만한 인물을 넣어 국민들의 애국심을 일깨우는 역할도 한답니다.

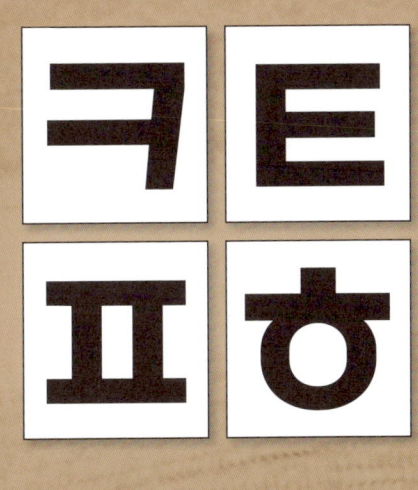

코딱지나 귀지도 하는 역할이 있을까?

우리 몸에는 지저분하다고 생각되는 것이 참 많아요. 똥이나 오줌은 물론 코딱지나 귀지 같은 것들 말이에요. 그런데 우리 몸에는 필요 없는 것이 없어요.

우리가 숨을 쉴 때 공기 안의 먼지나 이물질도 같이 콧속으로 들어가는데, 이때 들어간 먼지나 이물질은 코의 점막을 덮고 있는 점액에 달라붙어 폐로 들어가지 못하게 돼요. 코딱지는 콧물에 이물질이 달라붙어 굳은 덩어리예요.

감기에 걸리면 콧물이 나와요. 인플루엔자 바이러스가 침투하면 코점막은 바이러스와 독성, 죽은 세포들을 씻어내기 위해 평소보다 훨씬 많은 점액을 분비하게 되는데, 그게 바로 콧물이에요. 콧물이 지저분하기는 하지만 우리 몸의 면역 기능이 잘 작동하고 있다는 신호예요. 코안의 이물질을 다 씻어내면 콧물은 저절로 멈춘답니다.

 귀지도 더럽기만 한 것이 아니에요. 외부의 먼지를 걸러 주고, 벌레가 귓속에 들어가는 것도 막아줘요. 만약 벌레가 귀에 들어갔다 해도 걱정하지 않아도 돼요. 귓속에 들어간 벌레가 귀지를 조금만 먹으면 바로 죽는다고 해요. 귀지에는 단백질을 분해하는 효소가 포함되어 있어서 세균의 발육을 억제하기 때문이에요.

 또한 귀지에는 지방이 포함되어 있어서 피부가 건조해지는 것을 막고 귓속을 보호해 줘요. 그래서 일부러 귀지를 긁어내는 것은 좋지 않아요. 긁어내지 않아도 시간이 지나면 저절로 밖으로 나오니까 걱정하지 마요.

 우리 눈은 수분으로 덮여 있어요. 그래서 세균으로부터 보호해 준답니다. 만약 이물질이 들어오면 눈곱이 생기게 돼요. 자고 일어났을 때 눈곱이 끼는 것은 자는 동안 눈을 깜빡이지 않아서 눈곱이 끼는 거예요. 혹시 눈곱이 너무 많이 끼면 결막염이나 감기에 걸린 것일 수도 있으니 병원에 가 보는 것이 좋아요.

079 콜럼버스는 왜 이름을 빼앗겼을까?

대부분 새로 발견한 지역은 처음 발견한 탐험가의 이름을 붙이게 돼요. 필리핀이 에스파냐 국왕 필립 2세의 이름을 따서 '필립 왕의 나라'라는 뜻으로 지어진 것처럼 말이죠. 아메리카는 콜럼버스가 발견한 신대륙이에요. 그런데 아메리카는 왜 콜럼버스가 아니라 아메리카일까요?

1492년 8월 3일, 콜럼버스는 함선 세 척을 거느리고 에스파냐의 팔로스항을 떠났어요. 그리고 두 달이 조금 넘는 긴 항해 끝에 현재의 바하마 군도에 이르렀지요. 새로운 대륙을 발견한 콜럼버스는 그곳을 인도의 일부라고 생각했어요. 그래서 서인도 군도라 이름 짓고, 원주민들도 인도 사람이라는 뜻으로 인디오라고 불렀지요. 그 후에도 세 번이나 더 항해를 떠났지만, 콜럼버스는 죽기 전까지도 자신이 발견한 곳을 인도라고 믿었어요.

하지만 그 후 콜럼버스의 항해에 동행했던 아메리고 베스푸치는 콜럼버스가 발견한 신대륙은 인도라고 하기에는 기후, 사람, 문화 등이 다른 것을 알았어요.

그러고는 이곳은 인도가 아니라 새로운 대륙임을 주장하고, 이 신대륙을 자신의 이름을 본 따 '아메리카'로 부르기 시작했답니다.

카리브 해의 서인도 제도 역시 1492년 이곳에 상륙한 콜럼버스가 인도라고 믿은 것에서 유래되어 '서인도'라고 부른답니다.

터널 속 전등은 왜 주황색일까?

거리의 가로등과 터널 속의 전등은 똑같이 어둠을 비추지만, 색깔은 달라요. 터널 속의 전등은 주황색에 가까워요. 우리는 어둠을 밝히기에는 흰색의 전등이 밝다고 생각하지만 사실 어두운 곳에서는 흰색보다 주황색 전등이 더 밝아요.

빛의 파장은 짧은 파장부터 긴 파장까지 다양해요. 파장은 1초 동안 진동하는 횟수를 말해요. 즉 파장이 짧다는 것은 1초 동안 진동하는 횟수가 많다는 뜻이에요. 우리가 눈으로 볼 수 있는 빛을 '가시광선'이라고 해요. 무지개색으로 알고 있는 빨간색, 주황색, 노란색, 초록색, 파란색, 남색, 보라색으로 이루어진 가시광선의 빛 가운데 파장이 가장 긴 것은 빨간색이고, 가장 짧은 것은 보라색이에요.

도로는 차들이 빨리 달리기 때문에 사고를 방지하기 위해 앞의 차가 잘 보여야 해요. 특히 좁고 어두운 터널은 공간이 제한되어 있고, 환기가 잘되지 않는 탓에 뿌연 먼지로 가득해 빛

정원 터널

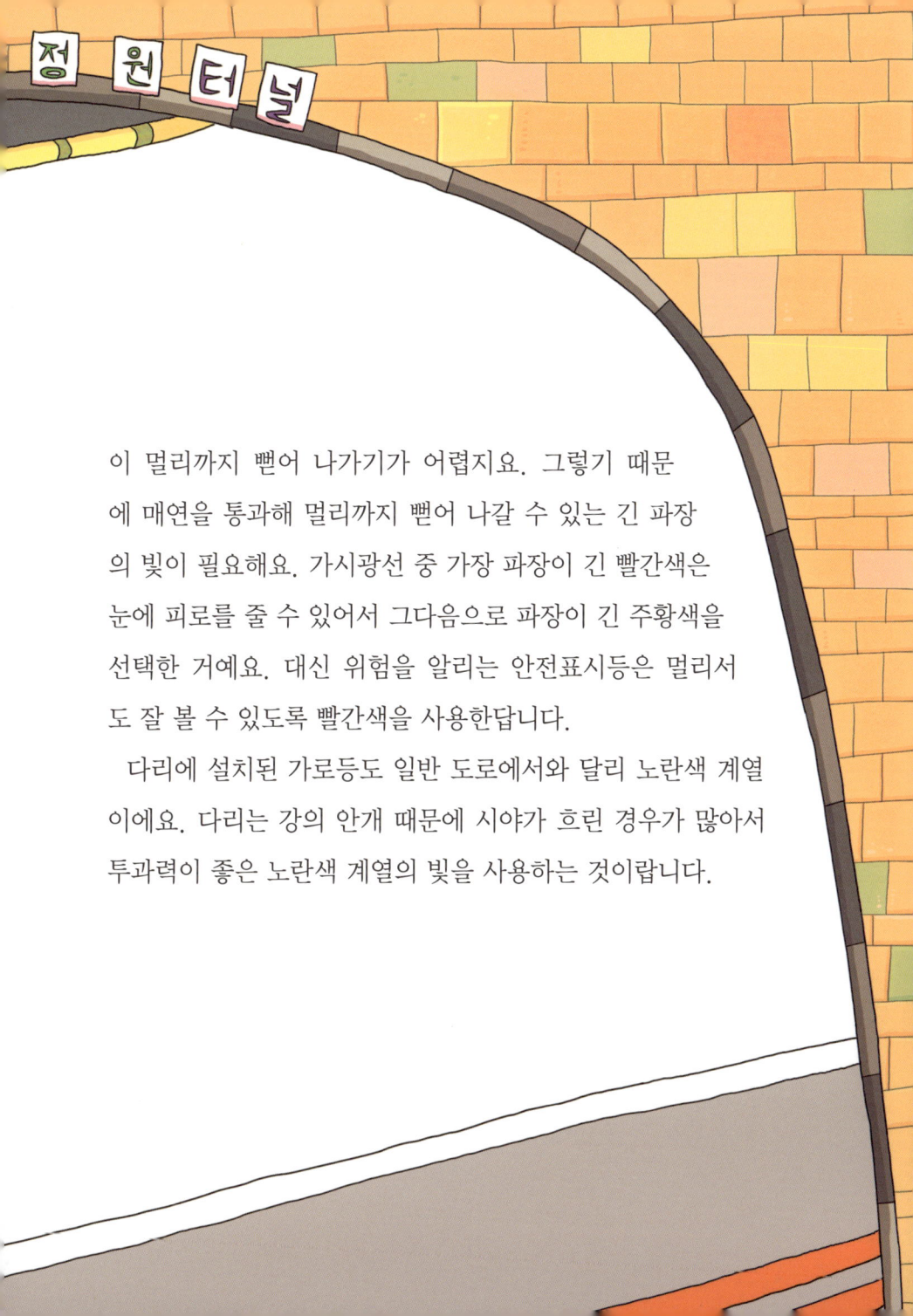

이 멀리까지 뻗어 나가기가 어렵지요. 그렇기 때문에 매연을 통과해 멀리까지 뻗어 나갈 수 있는 긴 파장의 빛이 필요해요. 가시광선 중 가장 파장이 긴 빨간색은 눈에 피로를 줄 수 있어서 그다음으로 파장이 긴 주황색을 선택한 거예요. 대신 위험을 알리는 안전표시등은 멀리서도 잘 볼 수 있도록 빨간색을 사용한답니다.

　다리에 설치된 가로등도 일반 도로에서와 달리 노란색 계열이에요. 다리는 강의 안개 때문에 시야가 흐린 경우가 많아서 투과력이 좋은 노란색 계열의 빛을 사용하는 것이랍니다.

081 팔만대장경은 왜 만들었을까?

고려 시대는 불교가 아주 많이 발달했어요. 백성의 마음을 합치는 데 이용된 불교는 고려의 정신적 기둥이었지요.

부처의 말씀을 하나하나 기록한 것을 대장경이라고 해요. 거란의 침입으로 전라남도 나주까지 피난을 떠난 현종은 초조대장경을 만들었어요. 그러자 신기하게도 거란이 화해를 청하게 되었고, 고려 사람들은 부처의 힘이 거란을 물리쳤다고 생각하게 되었어요. 그 후 몽골의 침입으로 초조대장경이 불에 타 버리자, 목판 인쇄 기술이 뛰어났던 고려는 부처가 신비한 힘으로 몽골의 침략을 막아줄 거라는 온 백성들이 힘을 모아 팔만대장경을 만들었어요. 팔만대장경에는 나라를 구하려는 고려 사람들의 간절한 마음이 담겨 있어요.

팔만대장경은 나무 경판 팔만 장으로 만들어졌어요. 팔만대장경을 트럭으로 옮기면 1t 트럭 260대가 필요하고, 팔만대장경에 새겨진 불경을 원고지에 옮기면 200자 원고지 25만 장

이 필요할 정도이니 어마어마하지요? 게다가 글자를 한 자 한 자 새길 때마다 세 번씩 절을 했을 정도로 정성도 대단했대요. 그래서인지 5,200만 자가 넘는 글자 가운데 틀린 글자가 하나도 없다고 해요.

 국보 32호인 팔만대장경은 세계에서 가장 오래된 대장경판이며, 우리나라 최고의 목판 인쇄물이에요. 팔만대장경이 보관된 해인사의 장경판전은 팔만대장경판과 함께 유네스코 세계문화유산으로 지정되었어요. 장경판전에는 자연의 원리를 이용해 나무 경판의 습기와 온도를 조절하는 조상들의 지혜가 담겨 있답니다.

펭귄도 새일까?

 남극의 신사라고 불리는 펭귄은 날지는 못하지만 새예요. 수영하는 새라고나 할까요?

 펭귄을 살펴보면 온몸에 짧은 깃털이 덮여 있고, 지느러미 모양의 날개가 있어요. 몸도 물속에서 수영하거나 잠수하기 좋게 유선형으로 생겼지요. 게다가 잠수도 아주 잘해요. 원래 펭귄은 새였지만 남극의 얼음과 바다에 적응하다 보니 지금과 같은 모습으로 변한 거예요. 닭이나 타조 역시 날개가 퇴화되어 땅 위에서 생활하는 것과 같지요.

 지구에는 수많은 생물이 있어요. 그 가운데 환경에 적응하여 변화하는 종만 살아남을 수 있지요. 원래 오스트레일리아의 캥거루는 달리기를 잘하지 못했어요. 그런데 들개인 딩고가 들어오면서 천적이 생겼고, 딩고를 피해 달리기를 잘하는 캥거루만 살아남아 오스트레일리아의 캥거루들이 달리기를 잘하게 된 거예요. 이렇게 생활환경에 적응하면 살아남고 그렇지 못한 것은 도태된다는 학설을 '진화론'이라고 해요.

다윈은 1859년에 《종의 기원》이라는 책을 발표하면서 오늘날 지구상에 존재하는 생물은 단 하나의 원시 생명에서 갈라져 나왔다고 주장했어요. 서로 살아남기 위해 경쟁하고, 환경에 적응하며, 자연에 적합한 것만 살아남았다고 했지요. 이러한 주장은 당시 사회에 큰 충격을 주었고, 종교계에서는 하나님을 모독하는 학설이라고 반발했지요.

사람들은 다윈의 진화론을 부정하며 다윈을 원숭이라고 놀렸어요. 하지만 진화론을 부정할수록 점점 진화론을 지지하는 사람들이 크게 늘어나면서 생물학은 물론이고 철학, 사회학 등에 큰 영향을 끼치게 되었어요.

터무니없는 학설이라고 멸시 받던 다윈의 진화론은 뉴턴의 만유인력의 법칙과 더불어 인류의 가장 위대한 발견으로 평가받고 있답니다.

새라고 모두 날 수 있는 건 아니라고!!!

083
평균대를 건널 때 왜 팔을 벌릴까?

평균대를 건너거나 외나무다리를 건널 때, 나도 모르게 두 팔을 벌리게 돼요. 외줄타기를 하는 사람을 보면 긴 장대를 들고 줄을 건너기도 하지요. 얌전히 걷는 것이 중심을 더 잘 잡을 수 있을 것 같지만, 사실은 두 팔을 벌리거나 장대를 들고 걷는 것이 중심을 더 잘 잡을 수 있는 방법이에요. 바로 '회전 관성' 때문이지요.

관성은 물체가 같은 속도로 운동을 계속하려는 성질을 말해요. 멈춰 있는 것은 계속 멈춰 있으려고 하고, 움직이려는 것은 계속 움직이려고 하는 성질 말이에요.

회전 관성 역시 계속 회전하려고 하거나 정지하려고 하는 물체의 성질을 말해요. 회전 관성은 물체가 회전축에서 얼마나 멀리 떨어져 있는지에 따라 크기가 달라져요. 물체의 길이가 길수록 무게 중심에서 물체의 끝이 멀어서 회전 관성이 커지지요. 김연아 선수가 스케이트를 타고 제자리에서 돌기를 할 때, 팔을 벌리고 돌다가 팔을 몸 가까이 붙이면 회전 속도가 빨라지는 것처럼 말이에요. 손을 벌리고 돌면 손을 모으고 돌 때보다 회전 관성이 더 커지게 되는 거예요.

  마찬가지로 긴 장대를 들고 외줄타기를 하는 것도 회전 관성을 크게 해서 중심을 잡는 것이지요. 장대의 회전 관성이 크기 때문에 장대를 회전시키는 데 오랜 시간이 걸리고, 이 틈을 이용하여 몸의 균형을 잡는 거예요. 그래서 장대가 길수록 균형 잡기가 더 수월해진답니다.

  그 외에도 우리 주변에서 회전 관성을 많이 찾을 수 있어요. 길이가 긴 진자는 짧은 진자보다 회전 관성이 크기 때문에 짧은 진자보다 천천히 진동해요. 달리기를 할 때 다리를 구부리는 것도 회전 관성을 줄여 더 빠른 속도를 내기 위해서랍니다.

084 풀은 왜 나무만큼 자라지 못할까?

씨앗을 뿌리면 어떤 싹은 쭉쭉 자라서 나무가 되고, 어떤 싹은 풀이 되어 추운 겨울이 되면 말라죽고 말지요. 왜 그런 것일까요?

처음에 식물은 물속에서 살았대요. 그런 식물이 육지에서 자라기 위해서는 줄기가 튼튼해야 했어요. 그래서 식물은 나무줄기에 '리그닌'이라는 단단한 물질을 만들었고, 진화해 나무가 된 거예요.

나무에는 체관부와 물관부 사이에 부피가 커지게 하는 형성층이 있어요. 이 형성층으로 인해 줄기의 둘레가 굵어지면서 나이테가 생기는 거예요. 그런데 풀은 형성층이 없어서 부피 생장을 하지 않아요. 그래서 겨울이면 줄기가 말라 더 이상 살 수 없는 거예요.

　형성층의 세포 분열은 계절에 따라 속도가 달라요. 보통 봄과 여름에는 세포 분열이 활발해서 세포벽이 두껍게 자라지 못하고, 물이 많이 공급되어 세포의 부피가 커지면서 색이 연해지지요. 하지만 가을부터는 성장 속도가 감소하고, 세포벽이 두꺼워지고, 세포의 부피가 작아져서 조직이 치밀하고 색이 진해져요. 이렇게 연한 조직과 짙은 조직이 번갈아 만들어지면서 나이테가 생기는 거예요.

　계절 변화가 뚜렷한 곳에서는 나이테도 뚜렷하지만, 날씨가 일정한 열대지방에서는 나이테가 나타나지 않거나 1년 혹은 몇 년에 한 번씩 나타나기도 해요. 나이테 사이의 간격도 매우 넓게 나타나지요. 열대지방이더라도 열대우림은 계절의 변화가 거의 없어 나이테를 볼 수 없지만, 사바나 기후 같이 건기와 우기가 있는 지역은 나이테를 볼 수 있답니다.

085 필리핀 사람들은 왜 영어를 잘할까?

각 나라마다 고유한 언어가 있어요. 우리나라는 물론 일본, 중국, 태국, 독일, 프랑스, 에스파냐 등 그 나라만의 언어가 있지요. 종교 또한 아시아 국가는 불교나 힌두교, 이슬람교를 믿고 유럽이나 아메리카는 기독교를 믿어요.

그런데 필리핀은 조금 달라요. 필리핀어가 있지만 영어를 국어처럼 사용하기 때문에 필리핀으로 영어 어학연수를 갈 정도예요. 또한, 필리핀은 아시아에 있는 국가이지만 국민의 85%가 가톨릭을 믿고, 어디에서나 성모마리아상을 볼 수 있어요. 왜 그럴까요?

아시아에 있지만 필리핀 사람들이 영어를 사용하고, 가톨릭을 믿는 이유는 필리핀이 에스파냐와 미국의 식민지였기 때문이에요. 1540년 에스파냐는 필리핀을 점령하고 당시의 왕이었던 필립 2세의 이름을 따 필리핀이라고 불렀어요. 그리고 에스파냐의 국교인 가톨릭을 믿게 했지요. 그 후 1898년 미국

과 에스파냐 사이에서 전쟁이 일어났고, 전쟁에서 승리한 미국은 필리핀에 식민 정부를 수립하게 돼요. 이로 인해 필리핀은 영어를 사용하게 된 거예요.

 이런 경우는 아프리카에서도 볼 수 있어요. 서구 제국주의 국가들의 침략으로 20세기 초에 아프리카의 거의 모든 지역이 유럽 열강의 식민지가 되었어요. 그로 인해 아프리카 국가들은 그들만의 고유 언어 대신 지배 국가의 언어를 사용하게 되었어요. 특히 영국이 아프리카 종단 정책을 실시하고, 프랑스가 아프리카 횡단 정책을 실시하면서 아프리카에는 영어나 프랑스어를 공영어로 사용하는 나라가 많답니다.

086 하루는 왜 24시간일까?

하루가 24시간인 것은 누구나 알 거예요. 십(10)진법에 익숙한 우리에게 24라는 숫자는 어색해요. 십진법은 0, 1, 2, 3, 4, 5, 6, 7, 8, 9의 숫자를 사용하여 모든 수를 나타내는 기법으로, 1을 열 번 세면 10이 되고, 10을 열 번 세면 100이 되는 셈인 것이지요. 십진법에 익숙한 이유는 우리의 손가락이 10개이기 때문이에요.

그런데 하루는 왜 24시간일까요? 우리에게 익숙한 십진법으로 계산하면 20시간 또는 30시간이어야 하지 않을까요?

하루가 24시간이 된 것은 해시계 때문이에요. 옛날 사람들은

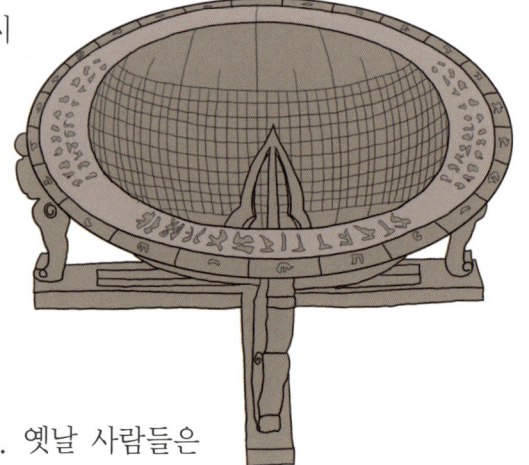

둥그런 원 한가운데에 막대기를 꽂아 그림자가 이동하는 것으로 시간을 쟀어요. 그런데 각도기나 컴퍼스 없이 하나의 원을 10으로 나누는 게 힘들었겠지요. 그래서 간단하게 원을 반으로 가르고 또 반으로 나눈 후, 칸마다 2개씩의 눈금을 새겨 12개를 만들었답니다.

12라는 숫자는 꽤 괜찮은 숫자예요. 2, 3, 4, 6으로 나눌 수 있으니 시간을 표시하기에는 안성맞춤이었지요. 서양뿐만 아니라 동양에서도 십이(12)진법을 이용해 하루를 24시간으로 정했고, 1년을 12개월로 나누었답니다.

그럼 시간에 십이(12)진법을 사용하기로 했으면 1시간은 12분, 1분은 12초가 되어야 하지 않을까요? 왜 1분은 60초, 1시간은 60분인 것일까요?

그 이유는 십진법의 기준인 10과 십이진법의 기준인 12의 최소 공배수가 60이기 때문이에요. 시간에 십이진법을 사용했지만 일상생활에서 주로 사용하는 십진법을 완전히 무시할 수 없었어요. 그래서 십이진법에 십진법을 결합한 육십(60)진법을 사용한 것이랍니다.

087 한글은 '韓글'이라는 뜻일까?

'대한민국'은 한자로 '大韓民國'이라고 써요. 그러고 보면 우리나라 말에는 '한'이 들어간 말이 참 많아요. 한글, 한겨레, 한우리처럼 말이에요. 그러면 한글의 '한'도 '韓'이라고 쓸까요?

한글을 만든 세종대왕은 '백성을 가르치는 바른 말'이라는 뜻으로 '훈민정음'이라고 불렀어요. 갑오경장 이후에는 '국어' 또는 '국

한글은 세계 문자 가운데 유일하게 만든 사람과 반포일을 알 수 있어요.

문'이라고 불리기도 했지요. 하지만 조선 시대 대부분의 양반 남자들은 중국의 것이 최고라는 생각에 한글을 사용하지 않았어요. 그래서 여자들이 주로 한글을 사용했고, 여자들이 쓰는 글이라는 뜻으로 '암글', '언문' 등으로 낮춰 불리기도 했어요.

 한글이 낮춰 불리는 것을 안타까워했던 주시경은 '한나라 말' 또는 '한나라 글'이라고 하다가 한나라 말을 줄인 '한말', 우리 겨레의 말글이라는 뜻의 '배달 말글'이라고 불렀어요.

 그러다가 1913년, 최남선이 발행한 《아이들보이》라는 잡지에서 우리나라 글자를 '한글'이라고 부르기 시작했어요. 한글의 '한'은 우리 겨레를 뜻하는 '韓' 이외에도 순우리말로 '바른, 큰, 훌륭한'이라는 뜻을 가지고 있어요. 그러니까 한글은 '바르고, 크고, 훌륭한 글'이라는 뜻이 되지요.

 그 후 1927년에 동인지 《한글》이 간행되었고, '가갸날'이라고 부르던 훈민정음 반포일이 '한글날'로 불리게 되었답니다.

혀로 못 느끼는 맛도 있을까?

　혀에는 맛 세포가 있어서 맛을 느낄 수 있어요. 단맛은 주로 혀의 끝부분에서, 신맛은 혀의 양쪽 가장자리에서, 쓴맛은 안쪽의 혀뿌리 부분에서, 짠맛은 혀 전체에서 느낄 수 있지요. 그렇다면 매운맛은 어디에서 느끼는 걸까요?

　매운맛은 맛이 아니라 혀가 느끼는 통증이에요. 매운 고추를 만지면 손이 아픈 것처럼 매운 음식을 먹으면 혀도 아픈 거예요. 음식을 먹고 난 후 혀에서 느껴지기 때문에 맛이라고 하는 것뿐이지요. 떫은맛도 실제로는 자극에 의해 피부에서 느끼는 감각이랍니다.

　혀는 맛을 느끼는 기능 이외에도 음식물과 침을 섞어 주고, 음식물을 잘게 부수어 삼키는 일을 도와주지요. 또한, 말을 할 때도 중요한 역할을 해요.

　혀에 관련된 이야기는 아주 많아요. 우리말 속담에 '세 치 혓바닥이 몸을 베는 칼'이라는 말이 있어요. 여기에서 '치'는 길이를 재는 단위로, 세 치는 약 10cm 정도 된답니다. 그 짧은 혀를 잘못 놀리면 큰일이 날 수 있다는 것을 경고하는 말이에요.

《탈무드》에도 혀에 대한 이야기가 있어요. 어떤 랍비가 하인에게 시장에 가서 가장 비싼 것을 사오라 했더니 혀를 사왔어요. 며칠 뒤, 같은 하인에게 가장 싼 것을 사오라고 해도 혀를 사왔지요. 랍비가 하인에게 비싼 것을 사오라고 해도 혀를 사오고, 싼 것을 사오라고 해도 혀를 사온 이유를 물었어요. 그러자 하인이 대답했어요.

"혀가 좋게 쓰이면 그만큼 좋은 것이 없고, 나쁘게 쓰이면 그만큼 나쁜 것도 없기 때문입니다."

이렇듯 말 한 마디로 천 냥 빚을 갚을 수도 있고, 힘들게 쌓아 올린 공든 탑이 하루아침에 무너질 수도 있답니다.

089 혈액형이 다르면 왜 수혈을 할 수 없을까?

사람의 피는 A형, B형, AB형, O형으로 나누어져요. 혈액형을 정하는 것은 적혈구 표면의 단백질로, 이것을 '항원'이라고 해요. 적혈구 표면에 A항원을 가지고 있으면 A형, B항원을 가지고 있으면 B형, 그리고 A, B 모두 가지고 있으면 AB형, 모두 가지고 있지 않으면 O형이라고 하는 거예요.

피가 부족한 환자에게 서로 다른 혈액형은 수혈하지 못해요. 왜냐하면 서로 다른 혈액이 섞이면 항원끼리 화학반응을 일으켜 피가 굳기 때문이에요.

ABO식 혈액형을 발견한 것은 19세기에 들어서예요. 17세기에는 의사들이 동물의 피를 인간에게 수혈하려고 했지만, 치료는커녕 대부분 목숨을 잃었지요. 그러다가 란트슈타이너라는 사람이 혈액형을 발견하여, 1902년에 한 사람의 적혈구를 다른 사람의 혈청과 섞으면 뭉치기도 한다는 사실을 알았어

요. 그리고 여러 사람의 피를 검사한 결과 사람의 혈액형이 A, B, O, AB 4가지로 나뉜다는 것도 알아냈지요.

혈액형에는 ABO형식 혈액형 이외에 Rh식 혈액형이 있어요. Rh식 혈액형은 Rh+형, Rh−형으로 구분하는 방식이에요.

우리나라에는 1~2%만이 Rh−형이에요. Rh+형인 사람의 혈액을 Rh−형 사람에게 수혈하면 혈액을 받은 사람이 Rh+에 대한 항체를 만들어 피가 굳게 되지요. 그러면 ABO혈액형과 마찬가지로 위험한 상황이 발생할 수 있어요.

090 홍길동은 왜 아버지라 부르지 못했을까?

허균의 《홍길동전》을 읽다 보면 홍길동이 집을 떠나는 장면에서 이런 말이 나와요.

"아버지를 아버지라 부르지 못하고, 형을 형이라 부르지 못하니. 제가 어찌 떠나지 않을 수 있겠습니까?"

홍길동은 왜 아버지를 아버지라고 부르지 못했을까요? 옛날부터 우리나라에는 신분제가 있었어요. 《홍길동전》의 배경인 조선 시대도 마찬가지예요. 조선 시대의 신분제는 크게 양인과 천인으로 나누어졌어요. 양인은 다시 양반, 중인, 상민으로 나누어져 실제로는 네 개의 신분이 존재했지요.

양반은 최고 지배층으로 많은 특권을 누렸어요. 유학을 공부한 선비로, 벼슬길에 나가 관료가 될 수 있었지요. 중인은 양반 아래의 신분으로, 행정 실무를 담당하는 하부 지배층이었고, 기술관이나 향리, 서리, 홍길동과 같은 서얼이 여기에 속했어요. 상민은 주로 생산 활동에 종사했고, 천인은 노비를 비롯해 백정이나 광대들로 재산으로 취급되어 사고팔리기도 했지요.

　신분에 따라 하는 일이 달랐던 것은 물론 신분의 벽을 넘는 것은 어려운 일이었어요. 양반의 자식으로 태어나면 평생 양반으로 살고, 노비의 자식으로 태어나면 평생 노비로 살아야 했어요. 아무리 재주가 좋고 능력이 뛰어나도 신분이 낮으면 인정받지 못했지요.

　홍길동은 아버지가 양반이었지만 어머니가 첩이었어요. 첫 번째 부인이 낳은 자식과 그 외의 부인, 즉 첩이 낳은 자식은 신분이 달랐고, 그에 따른 대우도 달랐어요. '서얼'이라고 해서 천한 대우를 받았지요. 홍길동은 첩의 자식이었기 때문에 아버지를 아버지라 부르지 못하고 대감마님이라고 불러야 했던 거예요.

흥부전은 누가 쓴 이야기일까?

　흥부와 놀부 이야기는 모두 잘 알 거예요. 그런데 《흥부전》을 누가 쓴 줄 알고 있나요? 모르는 게 당연해요. 《흥부전》은 작가가 없어요. 입에서 입으로 전해 왔기 때문이에요. 이런 이야기를 '구비 문학'이라고 해요. 구비 문학은 기록 문학이 생기기 이전부터 있었어요. 입으로 전해 오기 때문에 어떤 기록도 남아 있지 않지요.

　옛날부터 전해 오는 이야기를 노래로 만든 것이 판소리로, 흥부가는 춘향가, 심청가와 함께 3대 판소리 가운데 하나예요. 특히 흥부가는 서민들의 삶이 잘 표현되어 있고, 우스꽝스러운 장면도 많아서 많은 사람들이 좋아했어요.

　판소리가 인기를 끌자 사람들은 판소리를 바탕으로 이야기책을 만들었어요. 판소리 가사를 그대로 적으면 재미가 없어서 이야기를 다시 구성하고 문장도 다듬었지요. 그런데 입으로 전해 오는 이야기이기 때문에 기록하는 데 한계가 있었어

요. 그래서 이야기를 전하는 과정에서 재미있는 내용은 부풀리고 재미없는 부분은 건너뛰기도 했어요. 때로는 자신의 생각이나 느낌을 함께 전하기도 하고, 시대 상황이나 사상에 영향을 받기도 했답니다.

그렇다면 이야기는 어디서 왔을까요? 바로 설화예요. 옛이야기 하나에 한 개의 설화만 담겨 있는 것이 아니라 여러 설화를 섞어서 재미있게 재구성했어요. 《흥부전》 외에도 《춘향전》, 《심청전》, 《별주부전》 역시 판소리계 소설이에요. 판소리계 소설은 신소설로 이어졌답니다.

~절, ~일, ~날은 어떻게 다를까?

달력을 보면 설날, 삼일절, 식목일, 어린이날, 석가탄신일, 현충일, 제헌절, 광복절, 국군의 날, 개천절, 한글날 같은 공휴일은 물론이고, 장애인의 날, 근로자의 날, 체육인의 날 등등 작은 글씨로 써 있는 것을 볼 수 있어요.

왜 어떤 날은 '~절'이라고도 하고, 어떤 날은 '~일'이라고도 하고, 어떤 날은 '~날'이라고 하는 걸까요?

'~절'은 국경일로, 우리나라의 경사스런 날을 기념하기 위해 '국경일에 관한 법률'에 따라 법으로 지정한 날이에요. 3월 1일 삼일절, 7월 17일 제헌절, 8월 15일 광복절, 10월 3일 개천절, 10월 9일 한글날이 국경일에 해당돼요. 국가에서는 이 날들을 5대 국경일로 정하고 있어요.

'~일'은 기념할 만한 날이에요. 식목일, 현충일, 석가탄신일 등이 있지요. 공휴일로 지정된 날도 있고, 기념행사나 추모 행사만 진행하는 날도 있어요.

'~날'은 아주 많아요. 과학의 날, 장애인의 날처럼 특정한 날을 기념하려는 관계자들이 정한 것이라 '~일'보다는 범위가 조금 작아요. 국가가 정한 한글날과 어린이날을 제외하고는 공휴일이 아니랍니다.

요즘은 설과 추석을 제외하고는 전통 명절들이 대부분 사라졌어요. 정월 대보름이나 단오 같은 절기에 따른 세시풍속도 거의 챙기지 않지요. 대신 시대가 변함에 따라 새로운 기념일이 생겨나기도 해요. 밸런타인데이, 화이트데이, 빼빼로데이처럼 말이에요.

초판 7쇄 2024년 4월 16일
초판 1쇄 2019년 4월 3일

글 조영경 | 그림 홍나영

펴낸이 정태선
펴낸곳 파란정원
출판등록 제395-2010-000070호
주소 서울특별시 은평구 가좌로 175, 5층
전화 02-6925-1628 | **팩스** 02-723-1629
제조국 대한민국 | **사용연령** 8세 이상 어린이
홈페이지 www.bluegarden.kr | **전자우편** eatingbooks@naver.com
종이 다올페이퍼 | **인쇄** 조일문화인쇄사

ISBN 979-11-5868-159-3 73030

이 책은 저작권법에 따라 보호받는 저작물이므로 무단 전재와 무단 복제를 금지하며,
이 책 내용의 전부 또는 일부를 이용하려면 반드시 저작권자와 파란정원(자매사 책먹는아이·새를기다리는숲)의 동의를
얻어야 합니다.
*잘못된 책은 구입하신 서점에서 바꿔 드립니다.

고군분투하던 초등 어휘력
읽으면서 바로 써먹는 어린이 시리즈로
재미있고 알차게 키우자!!

한날 외 글·그림 | 초등 전학년

〈읽으면서 바로 써먹는 어린이 시리즈〉는 아이들이 좋아하는 귀엽고 깜찍한 찹이 패밀리의 이야기로, 웹툰이라는 형식에 담아 부담 없이 자꾸 손이 가는 책이 되어 재미있게 읽고 또 읽으며 맞춤법과 상식을 배우고, 속담, 관용구, 고사성어, 영단어가 자연스럽게 입에서 툭 튀어나오게 합니다.

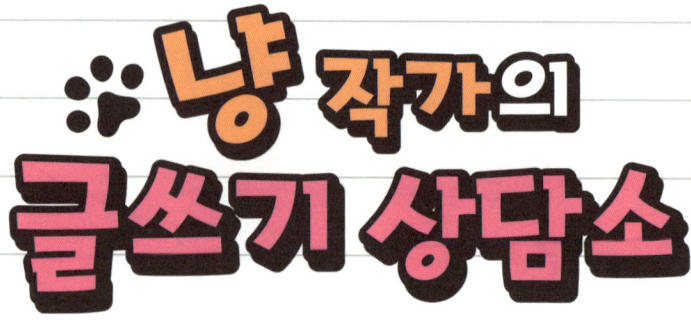

냥 작가의 글쓰기 상담소

우연히 벼락을 맞아 글쓰기 능력을 갖게 된
길냥이 냥 작가에게 배우는 신통방통한 글쓰기 비법!

글쓰기 고민,
냥 작가가 해결해 드립니다!

즐비 글 | 류수형·김준식 그림 | 초등 전학년